AF423606

Lom
PALABRA DE LA LENGUA
YÁMANA QUE SIGNIFICA
Sol

Lozoya López, Ivette
Delincuentes, bandoleros y montoneros: Violencia
social en el espacio rural chileno (1850-1870) [texto
impreso] / Ivette Lozoya López.– 1ª ed. – Santiago: LOM
ediciones; 2014. 154 p.: 21x16 cm. (Colección Historia)
ISBN: 978-956-00-0499-4
1. Bandidos y Ladrones - Chile I. Título. II. Serie
Dewey : 364.983 .-- cdd 21
Cutter : L925d

FUENTE: Agencia Catalográfica Chilena

© **LOM ediciones**
Primera edición, 2014

ISBN: 978-956-00-0499-4
RPI: 239.323

A cargo de esta colección: Julio Pinto

Imagen de portada: «Huazo au Chili», ilustración tomada del libro *Voyage dans l'Amérique Méridionale*
(1835-1839), de Alcide d' Orbigny.

EDICIÓN Y MAQUETACIÓN
LOM Ediciones. Concha y Toro 23, Santiago
TELÉFONO: (56-2) 2688 52 73 | FAX: (56-2) 2696 63 88
lom@lom.cl | www.lom.cl

Tipografía: *Karmina*

IVETTE LOZOYA LÓPEZ

Delincuentes, bandoleros y montoneros.

Violencia social en el espacio rural chileno (1850-1870)

LOM
EDICIONES

A Fabián, mi hijo y compañero de vida.

Mi primer agradecimiento es para Fabián, mi hijo, quien me acompaña en los distintos proyectos que he debido emprender y lo hace demostrando un compañerismo que me fortalece.

Mis agradecimientos también a la Universidad de Santiago de Chile, cuyas aulas me han acogido por casi veinte años, primero como estudiante y luego como docente; en este largo recorrido he podido vivir intensos procesos de aprendizaje.

Al profesor René Salinas, quien fue director de esta tesis que ahora se convierte en libro.

A Claudio, el que fue mi compañero por más de quince años y que es parte de este trabajo también.

A mis amigos, maestros y referentes intelectuales: Igor Goicovic Donoso y Julio Pinto Vallejos. A mis amigas y también referentes intelectuales: Cristina Moyano, Lucía Valencia y Carla Rivera.

A mis padres, los biológicos y los de corazón, Sonia, Aida, Fernando y Ana María.

Y muy especialmente a Jaime Retamal Salazar por el cariño y la compañía en tiempos difíciles y por sacudirme con la incómoda pregunta, ¿cuándo vamos a conocer a la historiadora que quieres ser?

El mundo popular chileno se ha construido sobre la base de diferentes manifestaciones de violencia, las cuales no se dirigen solo desde el poder hacia los sectores populares en su afán por reprimir sus características identitarias y acciones de rebeldía, sino también desde el mismo mundo popular hacia el poder y contra sus representantes.

Pero esta no es una característica particular y única de los subordinados de nuestro país, sino que es una situación extendida a todos los componentes de la sociedad y a muchos de los procesos políticos y económicos por los cuales hemos transitado. Sin embargo, la persistencia de la violencia es negada o maquillada de locura y excepcionalidad, es decir, los hechos de violencia son explicados por la existencia de arranques de irracionalidad, por situaciones específicas que se deberían haber evitado o por la maldad de algún personaje específico que no representa el espíritu legalista o democrático de los chilenos. Contrariamente a esta visión, creemos que los hechos de violencia en nuestra historia no son puntuales ni individuales, sino procesos sistemáticos ejercidos por la colectividad de clase, el Estado, las instituciones y en esta lógica, no cabe la excepcionalidad.

No solo la historiografía tradicional ha construido la imagen de que nuestro devenir histórico ha estado plagado de respeto a la institucionalidad y el orden. Las visiones que se levantan desde el mundo político refuerzan esta interpretación, dejando en el olvido no solamente las acciones fundacionales violentas que dieron origen a importantes procesos sociales, políticos y económicos, sino además, a los propios sujetos portadores de estas prácticas. En definitiva, se levanta un discurso que niega el papel de la violencia en el pasado, tanto para olvidar la violencia institucional como para desvirtuar y deslegitimar las acciones de violencia desplegadas por el mundo popular. Esto nos vincula con la problemática que existe en la relación de tres conceptos históricos: sujetos populares, violencia y política.

La dimensión política de las acciones de violencia llevadas a cabo por los sujetos populares ha sido negada sistemáticamente, desarrollándose una tendencia a escindir los conceptos de política y violencia. El primero daría cuenta de una expresión siempre institucional, en la cual los sujetos populares ingresaron al superar la barbarie de la protesta espontánea; el segundo concepto, por su parte serviría para hablar de este primer momento, el irracional, el prepolítico, el que solo se despliega movido por la rabia y la insensatez. De esta manera, las acciones de violencia llevadas a cabo por los sectores populares a lo largo de la vida republicana no tendrían un móvil político o consciente; la violencia jamás podría ser un instrumento, sino solo una locura en sí misma.

La victimización eterna de los pobres genera también esta visión; muchas de las acciones de violencia popular son vistas como una simple reacción a la represión del Estado o a la explotación laboral, lo que les niega su calidad de proyecto o identidad de clase. Bajo esta perspectiva, el ejercicio o las expresiones de violencia con miras a un objetivo se aceptan para la elite, pero no para los sectores subalternos.

No obstante, nuevas líneas investigativas han puesto de manifiesto otras realidades. Primero, que las acciones de violencia política, económica y social han estado presentes en todo el desarrollo histórico de Chile; segundo, que los sujetos populares han desarrollado conductas violentas como respuesta a la violencia estructural, pero también como transgresión permanente de los patrones instituidos por la elite, y, tercero, que en esta transgresión y violencia permanentes, los subordinados fueron creando patrones culturales propios al margen del poder. En esta dinámica, los sectores desposeídos de nuestro país han configurado su identidad, la han nutrido, haciéndola causa y efecto de las acciones de transgresión y violencia social.

Creemos, por tanto, que es necesario abordar la violencia social como un elemento constitutivo de identidad, como un instrumento que los distintos componentes sociales utilizan para lograr sus objetivos, y analizarla desde una perspectiva histórica, entendiendo que cada expresión de violencia tiene sus sujetos, sus espacios y sus tiempos.

En el presente trabajo, abordaremos una de esas expresiones: la violencia social popular en el ámbito rural. La temporalidad para abordar la problemática corresponde a dos décadas del siglo XIX, de 1850 a 1870, elección que se justifica porque se trata de un momento ampliamente reconocido a causa de la profundización que adquieren los procesos de modernización, lo que determina un cambio identitario importante en los sujetos sociales. En este periodo además podemos encontrar las tres expresiones de violencia social popular que existen en el campo: la transgresión cotidiana, el bandolerismo y las guerrillas montoneras.

En el mundo rural chileno de la segunda mitad del siglo XIX se da la contradicción entre, por un lado, desarrollar y sustentar relaciones de fuerte dependencia y lealtad casi señorial en el pequeño grupo de trabajadores estacionarios de las haciendas y, por otro, propiciar conductas de desarraigo y desprecio por la moralidad en la masa de peones y gañanes, que se caracterizan por su constante ir y venir. En esta contradicción, el bandolerismo sería una manifestación plausible de la mentalidad del campesinado chileno que no encuentra reales posibilidades de asentamiento y, por lo tanto, transgrede, viola la legalidad y, de paso, construye una visión mágica respecto de sí para sus iguales.

Así, el bandolerismo, la violencia delictiva y las guerrillas montoneras son expresiones de violencia popular en el ámbito rural que tienen como origen la relación compleja entre las clases dominantes y los sujetos populares. La primera agrede, excluye y explota a los subordinados y estos transgreden, violentan y se rebelan contra un ordenamiento político y social que les es adverso y del cual no se sienten parte. En este sentido, la violencia no es solo una respuesta frente al abuso patronal y del Estado, sino una conducta propia de la construcción identitaria de los sujetos populares, que implica relaciones sociales y culturales violentas y transgresoras que se crean y se recrean al margen de los patrones establecidos por la elite.

Las acciones de violencia social y criminalidad en el campo chileno no tienen una única motivación y, por lo tanto, la existencia de bandoleros sociales, bandoleros políticos o montoneros y criminalidad por la subsistencia no es excluyente. Debido a esto, en el presente trabajo diferenciaremos lo que hemos llamado criminalidad circunstancial o transgresión cotidiana de las acciones de bandolerismo. Pensamos que muchos de los sujetos que violan la ley no son delincuentes habituales, sino, más bien, criminales ocasionales, peones libres o muchas veces labradores, que lejos de adoptar el salteo o el abigeato como forma permanente de subsistencia, incurren en estas acciones porque la violación a las normas institucionales y morales es parte de su construcción como sujetos. Es por esto que creemos que no es posible definir como bandolero a un peón estacional de alguna hacienda o a un carrilano que, incitado por la borrachera, comete algún salteo contra un transeúnte o uno de sus mismos compañeros.

El presente estudio está estructurado en cinco capítulos. El primero de ellos corresponde a una discusión y revisión del concepto de violencia social y los significados que este adquiere cuando lo vinculamos con el sujeto popular y el espacio rural. El fenómeno de la violencia popular en el mundo rural chileno será analizado desde la teoría de la violencia social, la criminalidad y el concepto de discurso oculto propuesto por James Scott.

El segundo capítulo pretende ser una contextualización del problema, entendiendo que este no es atingente solo al periodo al que se circunscribe el estudio. No obstante, creemos que una reseña de los principales procesos políticos, económicos y sociales experimentados por el país en esos veinte años sirve para encontrar respuestas a las acciones de transgresión y violencia de los sectores populares en el contexto específico, estableciendo para ello una relación entre estructura y sujetos.

En el tercer capítulo abordaremos la transgresión cotidiana, entendida como la respuesta del mundo popular campesino a las transformaciones del proceso de modernización, categorizando las conductas transgresoras e intentando encontrar sus causas y efectos en relación con el mundo rural. Corresponde también a este apartado el análisis de la particularidad de la transgresión femenina en dicho espacio.

El cuarto capítulo analiza la acción de los bandoleros, definidos aquí como delincuentes de oficio. A través de un análisis de su tipología y una descripción de sus acciones podremos reconstruir la vida del bandido y el impacto que su acción tiene sobre la comunidad y la institucionalidad.

Finalmente, examinaremos la relación que se establece entre la violencia social popular y las coyunturas de enfrentamiento armado entre las elites. Consideramos que la complejidad de la relación no permite definir simplemente la participación popular como una acción de manipulación de las masas por parte de los sectores dominantes y tampoco como una acción política en defensa del liberalismo. Por el contrario, creemos que los componentes de clase, la experiencia rebelde y la coyuntura política son elementos que entroncan y que definen el comportamiento arrasador de las guerrillas montoneras en el contexto de la guerra civil de 1851 y 1859.

Transversal a cada capítulo será el análisis de las acciones desplegadas por el poder para reprimir la transgresión y violencia social del mundo popular, así como los discursos que construye la elite respecto de dichas acciones. Es necesario consignar que el acercamiento a las acciones transgresoras del mundo popular solo es posible a través de documentos mediatizados por el poder, ya que los pobres no dejan registro de su actuar. Los documentos aquí trabajados son archivos judiciales, archivos de intendencia y gobernación, periódicos y boletines de leyes y decretos. Creemos que a través del análisis e integración de la información que existe en cada uno de ellos es posible llegar a una descripción satisfactoria de las acciones de violencia social popular y levantar algunas interpretaciones respecto a la transgresión cotidiana, el bandolerismo y las guerrillas montoneras.

Capítulo I

Campesinado y violencia social

La indagación respecto a las condiciones de vida y trabajo de los sectores populares de nuestro país ha generado una gran cantidad de producción por parte de la historia social, la que también ha indagado en las políticas de control social, en el impacto del proceso de disciplinamiento laboral y en los rechazos de dichos sectores a estas políticas. Sin embargo, no ha reparado mayormente en las manifestaciones de violencia social popular ni las ha considerado como elementos centrales en el análisis[1]. Incluso, existe un discurso extendido, sustentado por la historiografía tradicional, que señala que la historia nacional se ha desarrollado respetando la institucionalidad construida por la elite, logrando consensos y manteniendo la paz social, y que niega, por lo tanto, la existencia de la violencia en los procesos vividos.

La persistencia de la violencia como elemento constitutivo de la sociedad chilena se ignora u olvida intencionalmente, es decir, el hecho de que las tensiones existentes entre distintos actores sociales a lo largo de la historia nacional se han resuelto violentamente es algo que no se quiere asumir. La revolución de independencia; las cuatro guerras civiles del siglo XIX; las guerras externas; la violenta y permanente represión a los sectores populares durante toda la historia, y el crudo proceso de proletarización son algunos, entre otros muchos ejemplos, que podríamos enumerar para fundamentar nuestra posición.

---

[1] Si bien esta perspectiva de análisis no ha sido extendida es necesario hacer un explícito reconocimiento a los aportes que en esta materia han hecho autores como Gabriel Salazar en *Violencia política popular en las grandes Alamedas. Santiago de Chile 1947-1987* (Santiago: Ediciones Sur, 1990); Julio Pinto Vallejos en *Trabajos y rebeldías en la pampa salitrera* (Santiago: Editorial Universidad de Santiago, 1998). En este texto la referencia específica a la violencia social popular está en el capítulo III, «Rebeldes pampinos. Los rostros de la violencia popular en las oficinas salitreras». Más recientemente, los trabajos de Igor Goicovic han situado la violencia popular como un elemento constitutivo de la identidad de los sectores populares, en especial, «Conflictividad social y violencia colectiva en Chile tradicional. El levantamiento indígena y popular de Chalinga (1818)», *Revista de Historia Social y de las Mentalidades. Violencia cotidiana y disciplinamiento social en Chile tradicional*, año 4 (2000); «Consideraciones teóricas sobre la violencia social en Chile (1850-1930)», *Última Década*, año 12, núm. 21 (2004); «Los Escenarios de la violencia popular en la transición al capitalismo», *Espacio Regional*, año 3, vol. 1 (2006).

Creemos que esta negación puede ser una de las razones por las cuales, contrariamente a lo que pasa en otras regiones del mundo, en Chile no se han realizado estudios en profundidad en los que se contemple la violencia desplegada por los sectores populares del campo desde una perspectiva histórica. En efecto, en nuestro país la violencia suele considerarse en tanto complemento de otros temas como la marginalidad, la protesta, la represión política, la organización popular, etc. Es decir, cuando se reconoce la existencia de la violencia en los procesos históricos, se la aborda tangencialmente, sin ahondar en sus particularidades, expresiones o evolución histórica y, por lo tanto, sin considerar su dimensión social.

Si ahondamos en la relación violencia-sectores populares, veremos que también existe una importante problemática. Los pobres han sido estudiados por las distintas disciplinas de las ciencias sociales, pero estas han indagado preferentemente en ellos como víctimas de la violencia, incluso cuando estos la ejecutan. En este sentido, los estudios históricos en general tienden a ver las expresiones de violencia de los sujetos populares como una reacción a la violencia institucional, sin indagar mayormente en sus motivaciones ni en cómo estas han sido un elemento importante en la conformación de la identidad popular, definiendo las formas en que se relacionan con sus pares y con la institucionalidad.

Estas problemáticas también se presentan para los estudios sobre el ámbito rural. Las investigaciones sobre violencia social no abundan y las que existen para el periodo propuesto en la presente investigación se refieren a espacios y tiempos muy acotados, lo que dificulta la creación de categorías que den cuenta de la complejidad de estas conductas en el campo chileno de mediados del siglo xix.

En otro sentido, aquellos estudios que tienen como temática central las acciones de transgresión violenta también las caracterizan y comprenden como respuestas a la marginalidad y no indagan en las motivaciones que tienen los sujetos.

No es posible desconocer que las acciones de violencia social en el espacio rural tienen como contexto de desarrollo las transformaciones ocurridas producto del proceso de modernización económica. Si bien estos procesos de modernización capitalista ocurren de una manera diferente a Europa —debido principalmente a que en el espacio rural chileno no existe una incorporación importante de maquinaria y las transformaciones se dan más en la relación contractual que en la transformación de los procesos de producción— de todas maneras la presión ejercida por dicho proceso sobre la estructura agraria desató acciones de resistencia que derivaron en violencia.

Tanto para Europa como para América Latina y para la especificidad chilena, se ha realizado una serie de estudios tendientes a caracterizar los procesos de transformación identitaria ocurridos en el contexto de modernización. Si apuntamos y concentramos nuestra mirada en los procesos ocurridos en el campo, podemos señalar que ellos tienen como contraparte un conjunto de reacciones y respuestas desde el campesinado que adquieren distintas formas individuales y colectivas, las que, en mayor o menor grado, se convierten en formas de resistencia.

Los levantamientos campesinos en Europa

El campesinado europeo es un sujeto formado en un largo proceso histórico al cual le corresponde un lugar determinado en la tradicional estructura social. El desarrollo del capitalismo significó que dicha estructura comenzara a desbaratarse debido a los cambios en la producción que implicaron la materialización de nuevas formas de trabajo y nuevas relaciones sociales. La modernización destruye el mundo del campesino tradicional que tiene acceso a la tierra o al trabajo de esta; la incorporación de tecnología y el desarrollo de la gran propiedad niega el lugar que el campesino había tenido hasta entonces en esta estructura.

Dicha negación comienza a generar un descontento que poco a poco va adquiriendo fuerza colectiva. Así lo demuestran las acciones desplegadas por el campesinado contra la mecanización del campo estudiadas por Hobsbawm y Rudé. Estos autores caracterizan el uso de la violencia colectiva en este contexto como una forma de protesta y autodefensa contra la arremetida de la modernización, que en términos prácticos significó desempleo y mayor desarraigo. Pero la acción violenta no se dirigía contra un ideal abstracto, sino contra las consecuencias materiales de la transformación: el desempleo, la carestía de los productos, la expulsión del campo, entre otras. Por lo tanto, cuando hablamos de defensa de la tradición, no estamos hablando de los elementos simbólicos, sino de la defensa de los medios de subsistencia que el nuevo sistema no garantizaba.

Contra la arremetida material e ideológica de la modernidad, había también una arremetida material de la protesta, que adquiría diversas formas según las capacidades de la comunidad. El trabajador podía protestar contra la reducción de los salarios o exigir salarios más elevados. Sin embargo, estas reivindicaciones eran muy ocasionales y solo se daban en momentos de movilización masiva y con escasa esperanza de éxito a largo plazo[2].

Si bien la exigencia directa o el reclamo fue una de las formas en que se expresó la resistencia de los sectores populares, no fue la única. Según Hobsbawm y Rudé, un campesino podía

> buscar un alivio a la pobreza en el delito —en el simple robo de papas o nabos, que constituía el grueso de las faltas a las cuales él consideraba como delito— y en la caza

---

2   Eric Hobsbawm y George Rudé, *Revolución industrial y revuelta agraria: el capitán Swing* (Madrid: Siglo XXI, 1978), 80.

furtiva o el contrabando, a los cuales no consideraba delito. Naturalmente estas acciones no eran una mera fuente de ingreso sino también una afirmación primitiva de justicia social y de rebelión. Asimismo podía recurrir al terror, es decir, en la práctica, al incendio que amenazaba al arrendatario con perdidas mayores que las que ocasionaría acceder a demandas de sus obreros. Finalmente —y esta demanda era la más ambiciosa—, podía atacar la base misma de su desempleo destruyendo las máquinas, las cuales en su opinión, lo intensificaban o hasta lo creaban[3].

Las formas, por tanto, hablan de la capacidad de quienes incurren en las acciones de protesta, de sus intenciones, de los grados de conciencia y rabia que la modernización genera y, por supuesto, de los grados de cohesión social que existe entre los sujetos populares.

En otros estudios, Rudé enfatiza la importancia de los procesos de transición en las formas que adquirían las revueltas campesinas. A juicio del autor, existe un antes y un después en la protesta social, cuyo punto de quiebre es el periodo de transición al capitalismo. Antes de esto, la protesta social estaba protagonizada por campesinos con grados muy precarios de organización, con liderazgos momentáneos y que se rebelaban fundamentalmente por conservar algunos derechos consuetudinarios que la transformación económica les estaba arrebatando. En el desarrollo de la lucha, muchas veces la protesta adquiría la forma de una reivindicación pensada tanto para el presente como para el futuro, cuya demanda tomaba un cariz no de restitución o conservación, sino de mejoramiento de las condiciones de vida. Las acciones de revuelta social adquirían la forma de una violencia desatada, capaz de destruir molinos y máquinas, saquear mercados, incendiar casas etc., aunque rara vez de atacar directamente a personas[4].

Los levantamientos ocurridos en la península ibérica y en las Repúblicas Unidas dan cuenta de la variedad de motivaciones que tienen las revueltas campesinas en Europa; en estas regiones, las motivaciones políticas priman por sobre las económicas. Así lo evidencia el estudio hecho por Alberto Tenenti,[5] que analiza las acciones de revuelta social con motivaciones políticas, estableciendo diferenciaciones desde las más espontáneas, inorgánicas y coyunturales hasta aquellas que se convirtieron en revolución.

---

[3]   Ibíd.

[4]   George Rudé, *La multitud en la historia. Los disturbios populares en Francia e Inglaterra, 1730-1848* (México D. F.: Siglo XXI, 1998).

[5]   Alberto Tenenti, *De las revueltas a las revoluciones* (Barcelona: Crítica, 1999). Véase también Salvador Cruz Artacho, *Caciques y campesinos. Poder político, modernización agraria y conflictividad rural en Granada, 1890-1923* (Córdoba: Ediciones Libertarias, Ayuntamiento de Córdoba, 1994), y Luis Palacios Bañuelos, *Cuestión agraria, agitaciones campesinas y regionalismo político (1903-1923)*, en Juan Antonio Lacomba Avellán (coord.), *Cuadernos de trabajo de Historia de Andalucía* (Sevilla: V Contemporánea, Seminario Permanente de Historia de Andalucía, 1982).

Por otra parte, podemos señalar que los procesos de desarrollo del Estado nacional significaron fuertes enfrentamientos entre la comunidad y el nuevo poder. La modernidad embiste y transforma a la sociedad tradicional y esta se resiste porfiadamente. Esto implica una serie de acciones violentas que ponen en evidencia la otra cara del cambio estructural desde la tradición a la modernidad: la inestabilidad o la insuficiente organización de los poderes monárquicos y estatales[6].

La sociedad tradicional estaba basada en «todo un patrimonio de símbolos, ceremonias, representaciones, derechos y privilegios propios de cada área local o urbana. Eso hacía posible que las fuerzas de regiones o ciudades se movilizaran contra las intromisiones consideradas externas, aunque fueran las del propio soberano»[7]. A juicio de Alberto Tenenti, dicha movilización podía tomar la forma de luchas político-sociales, económicas por la subsistencia, agitaciones religiosas o pugnas entre los intereses locales y las exigencias del poder central[8].

La motivación política también es remarcada en el estudio de Foster y Greene[9] que, aunque no se refiere específicamente a las revueltas populares campesinas, sí indaga sobre los movimientos de protestas en periodo de transición política, es decir, en el periodo de conformación de los Estados nacionales.

Su propuesta engarza con el presente estudio ya que distingue los tipos de revueltas, diferenciándolas de las revoluciones por la profundidad en la transformación que estas últimas significan. Para estos autores, la rebelión, al igual que la revolución, puede ser una acción violenta, pero la diferencia está en que en un momento de transición —como al que se alude en este estudio— las revueltas, además de convocar a distintos componentes sociales y no a clases definidas, abogan por un retorno al pasado, siendo por lo tanto, en palabras de los autores, de carácter atávico y no innovador como sí lo son las revoluciones.

Sin embargo, no todas las respuestas a las trasformaciones de la modernidad se dieron en forma de revueltas masivas. Si bien las rebeliones hechas por la turba que describe Rudé nos permiten analizar acciones explícitas en contra de la modernidad y sus consecuencias, otros estudios hablan de acciones individuales o con un nivel de participación restringido, poco masivo y que no tienen el carácter de levantamiento explosivo, sino que poseen la regularidad de la acción cotidiana.

---

[6]   Tenenti, *De las revueltas a las revoluciones,* 19.

[7]   Ibíd., 30.

[8]   Ibíd., 20.

[9]   Robert Foster y Jack Greene (eds.), *Revoluciones y rebeliones de la Europa moderna* (Madrid: Alianza Universidad, 1984).

Nos referimos al bandolerismo social, concepto acuñado y desarrollado especialmente por Hobsbawm para caracterizar la transgresión social en el ámbito rural durante el proceso de transición de la sociedad tradicional a la moderna[10].

Si bien es posible ver en las acciones de bandolerismo una situación de delincuencia o transgresión por la mera subsistencia, Hobsbawm plantea que las causas, el contexto y las formas que adquiere este comportamiento hacen que en algunos casos se pueda hablar de bandolerismo social.

El contexto tiene que ver con el advenimiento de la modernidad, que incita a las acciones de resistencia y subsistencia al cambiar la fisonomía social. El bandolerismo predomina donde hay sobrepoblación y exceso de mano de obra, lo que determina que los sujetos no puedan integrarse a la economía campesina. Asimismo se produce donde el poder político está en proceso de constitución y, por lo tanto, no existe un control real sobre las acciones de transgresión social, razón por la cual estas proliferan: «El bandolerismo como fenómeno de masas, es decir, la acción independiente de grupos de hombres violentos y armados, aparecía solo donde el poder era inestable, estaba ausente o había fallado»[11].

El contexto también alude a la relación que estos campesinos fuera de la ley establecen con su comunidad. Una de las situaciones que confieren al transgresor la categoría de bandolero social es que, a pesar de ser requerido por la justicia, se mantiene dentro de su comunidad, establece relaciones de solidaridad con esta y es considerado un héroe, un paladín o un vengador.

Respecto a las formas, Hobsbawm señala una serie de categorías en las cuales se inscribe la acción bandolera. En su análisis es posible encontrar una diferenciación entre bandidos vengadores, revolucionarios y transgresores al estilo Robbin Hood. Estas categorías estarían, a su juicio, también presentes en la sociedad española[12] y no es de extrañarse que para Hobsbawm la existencia del bandolerismo social sea universal.

Las causas que llevan a determinados sujetos a abrazar la acción vandálica determinan también que esta conducta sea catalogada o no como bandolerismo social. Los bandoleros sociales son aquellos que se inician en esta actividad debido a algún acontecimiento específico que los obliga a apartarse de la vida legal y volcarse a la transgresión, teniendo que sobrevivir del robo, el salteo o el abigeato.

---

[10]   Hobsbawm, *Bandidos* (Barcelona: Crítica, 2001).

[11]   Ibíd., 29.

[12]   Para el caso español se han consultado los textos de Manuel Moreno y Jaime Tortella, *Bandoleros, disidentes, desafectos y expatriados* (Barcelona: Debolsillo, 2006); y de Constancio Bernaldo de Quirós y Luis Ardila, *El bandolerismo andaluz* (Madrid: Ediciones Turner, 1978). Si bien es Hobsbawm quien sistematiza el concepto de bandolerismo social, los autores españoles coinciden en la descripción de los bandoleros como delincuentes excepcionales.

Las condiciones que obligan a la ilegalidad a estos sujetos campesinos se refieren, por ejemplo, a la venganza o el honor. En este sentido, las circunstancias por las cuales se convirtieron en bandoleros permiten que sus espacios de pertenencia no los rechacen, sino que, por el contrario, los vean como encarnaciones de un ideal de vida libertario o justiciero. Así, en ocasiones, estos personajes son respetados, y en torno a ellos gira una mística que genera un importante grado de admiración dentro de la comunidad.

Sin bien la acción del bandolero es una acción individual o, a lo más, organizada en bandas no muy numerosas, esta puede constituirse en símbolo para algún movimiento social, lo que no significa, como sentencia Hobsbawm, que podamos considerarla en sí misma un movimiento social[13].

Debemos diferenciar la acción del bandolero con la de la turba campesina, que si bien tiene liderazgos temporales o coyunturales, de todas maneras responde a objetivos colectivos —no así el ladrón del campo o salteador de caminos[14]—. El bandido, por mucho que pueda ser considerado como bandolero social, desarrolla una acción transgresora que responde a sus intereses particulares y no representa, por lo tanto, un ideal colectivo del campesinado.

Sin embargo, la acción del bandolero representa para la sociedad campesina en tránsito a la modernidad la restitución del orden tradicional donde existía un lugar asignado para cada quien.

América Latina: revuelta y transgresión campesina

Los estudios sobre movimientos campesinos en América Latina cuentan con una abundante producción, sobre todo para las zonas de Perú y México[15]. Estos estudios

---

13   Hobsbawm, *Bandidos*, 42.

14   Independiente de esto, la acción del bandolerismo es catalogada por José Morrilla Critz como una acción alternativa de la sociedad campesina andaluza en el contexto de la crisis de 1860. Esta acción, al igual que la acción política legal y la guerrilla serían alternativas fracasadas del mundo popular.«Crisis económica, caciquismo y emergencia del movimiento obrero (1874-1903)», en Juan Antonio Lacomba Avellán (coord.), *Cuadernos de Trabajo de Historia de Andalucía*, V Contemporánea (Seminario Permanente de Historia de Andalucía, Sevilla, 1982).

15   Entre los trabajos aquí consultados están: Leticia Reina, *Rebeliones indígenas en México* (México D.F.: Siglo XXI, 1980); la obra de Fredrich Katz (comp.). *Revuelta, rebelión y revolución. La lucha rural en México del siglo XVI al siglo XX* (México D.F.: Ediciones Era, Colección Problemas de México, 1999); John Tutino, *De la insurrección a la revolución en México. Las bases sociales de la violencia agraria, 1750-1940* (México D.F.: Ediciones Era, Colección Problemas de México, 1999). Para el caso de Los Andes, véase principalmente: Steve J. Stern (comp.), *Resistencia, rebelión y conciencia campesina en Los Andes. Siglos XVIII al XX* (Lima: Instituto de Estudios Peruanos, 1990); David Cahill, «Violencia, represión y rebelión en el sur andino. La sublevación de Túpac Amaru y sus consecuencias», en

se condicen con la abundancia de rebeliones campesinas y la relevancia que estas han tenido en la configuración política y social de dichos países. La importancia de la población rural, su dominación y explotación, así como la acción contestataria que llevó a cabo a través de distintas acciones de violencia y transgresión social, queda en evidencia en dichos estudios.

El caso de México es paradigmático; la participación popular en los procesos de convulsión política, especialmente en el proceso de independencia, sitúan a esta nación como una referencia obligada cuando de revueltas campesinas se trata. Entre la participación masiva del campesinado en el proceso de independencia y la popular Revolución mexicana de 1910 hay una serie de levantamientos rurales que tienen elementos en común y nos permiten adentrarnos en una caracterización general de las revueltas campesinas en el subcontinente. Del análisis de estas revueltas se desprende que los periodos de rebelión se desarrollan en los momentos de transición económica y política. Así lo evidencian los estudios que sitúan las rebeliones entre los años 1810 y 1930, señalando que es el siglo XIX, y no la época colonial, el que concentra los procesos de mayor convulsión social. En palabras del historiador John Tutino, esto permite concluir que «la conquista, la coerción y la desigualdad —incluso la crueldad— no bastan para explicar la rebeldía de los campesinos en México»[16].

El sistema colonial mexicano se basaba en la mantención de una estructura agraria que, a pesar de favorecer a las elites españolas, permitía la subsistencia de las comunidades campesinas, manteniendo así un equilibrio que perduraría incluso después de declarada la independencia. Este equilibrio se basaba en mantener la dependencia entre las comunidades campesinas y los terratenientes. A las primeras

---

Anthony McFarlane y Marianne Wiesebron (coord.), *Violencia social y conflicto civil: América Latina siglo XVIII y XIX*, 39-61, Cuadernos de Historia Latinoamericana, núm. 6 (Amsterdam: Asociación de Historiadores Latinoamericanistas Europeos, 1998); Alberto Flores Galindo (coord.). *Tupac Amaru, 1780: sociedad colonial y sublevaciones populares* (Lima, Retablo de Papel Ediciones, 1976); John L. Phelan, *The People and the King: The Comunero Revolution in Colombia, 1781* (Madison: University of Wisconsin Press, 1978); Felipe Castro Gutierrez, *Movimientos populares en Nueva España: Michoacan, 1766-1767* (México, D. F.: UNAM, 1990); John R. Fisher, Allan J. Kuethe y Anthony Mcfarlane (coord.), *Reform and Insurrection in Bourbon New Granada and Peru* (Lousiana: Lousiana State University Press, 1991); los trabajos de Anthony McFarlane, «Civil Disorders and Popular Protests in Late Colonial New Granada», en Hispanic Américan Historical Review, 64, 1 (1984): 17-54; «Social violence and civil war in late colonial and early independent Latin America», en Anthony Mcfarlane y Marianne Wiesebron (coord.), *Violencia social y conflicto civil: América Latina siglo XVIII y XIX*, 7-38; y de Frie-drich Katz, «Las revueltas rurales en México» y Jhon H. Coatsworth, «Patrones de rebelión rural en América Latina: México en Una perspectiva comparada», ambos en Fredrich Katz (comp.), *Revuelta, rebelión y revolución. La lucha rural en México del siglo XVI al siglo XX*, 9-24 y 27-61, respectivamente.

[16] John Tutino, «Cambio social agrario y rebelión campesina en el México decimonónico: El caso de Chalco», en Friedrich Katz (comp.), *Revuelta, rebelión y revolución. La lucha rural en México del siglo XVI al siglo XX* (México D. F.: Ediciones ERA, 1990), 94.

no se les arrebataban todas sus tierras, sino que se las mantenía como abastecedoras de la mano de obra que requería la elite terrateniente. Por otro lado, las tierras de la elite otorgaban trabajo y posibilidades de subsistencia a las comunidades, mientras que la institucionalidad colonial actuaba como mediadora en esta relación que permitía mantener el estatu quo[17].

Pero dicha mediación dejó de existir cuando la institucionalidad colonial dio paso a la institucionalidad republicana. El nuevo Estado era débil y no podía actuar como mediador, sino solo como intermediario de los intereses de la elite. Por lo demás, la bonanza económica que permitía la mediación efectiva también había terminado, lo que generaba un nuevo escenario[18]. En este contexto, la elite presiona sobre las comunidades tratando de despojarlas de sus tierras o mermar su uso del agua con el objeto de aumentar los beneficios. Las comunidades indígenas responden con el levantamiento[19].

Desde mediados del siglo xix, la aparcería se extendería como una manera usada por la elite para disminuir las pérdidas y como una nueva forma de relación social. El problema de los campesinos aparceros era asumir los costos en periodos de mala cosecha, lo que determinó que las comunidades se enfrentaran con los hacendados especialmente en los periodos de crisis climática, pues culpaban a los terratenientes, y no al clima, de sus pérdidas económicas[20].

Al igual que en Europa, las crisis políticas propician o sirven de escenario a las revueltas campesinas. Si bien estas revueltas muchas veces están relacionadas solo tangencialmente con las disputas interelite o las transformaciones del Estado, el marco de transformación que se vive luego de 1810 en América Latina genera un estallido de revueltas violentas que van a durar hasta 1910.

La síntesis completa que realiza John Coatsworth[21] sobre los patrones existentes para la rebelión en América Latina nos revela las distintas motivaciones y características que llevaron a los componentes subordinados del mundo rural a transgredir el orden en nuestro continente. En una perspectiva comparada con las acciones de revuelta social ocurridas en México, Coatsworth clasifica los levantamientos populares en América Latina desde el periodo prehispánico hasta el siglo xx de acuerdo con sus componentes y objetivos.

---

[17]   Ibíd., 100.

[18]   Ibíd., 101.

[19]   Ibíd., 109-111.

[20]   Ibíd., 124.

[21]   John Coatsworth, «Patrones de rebelión rural en América Latina: México en una perspectiva comparativa», en *Revuelta, rebelión y revolución. La lucha rural en México del siglo xvi al siglo xx*, 27-61; 220.

Bajo estas variables, los tipos de revueltas identificadas por el autor son: las revueltas de indios, los levantamientos contra las haciendas, las revueltas en las misiones, las revueltas regionales multiclasistas y las revueltas esclavas. La importancia de esta clasificación es que particulariza las acciones de violencia y transgresión social entregando un modelo perfectamente aplicable a los estudios que se ocupan de la región.

La situación de las acciones de violencia social popular en el Perú ha sido tratada de manera bastante extensa. En una visión general, Agustín Barcelli, explica su existencia debido a la polarización de la sociedad peruana en clases antagónicas. Según el autor, esto habría provocado que, a mediados de siglo, se produjera una serie de levantamientos de los sectores oprimidos, entre ellos los campesinos[22].

En este caso, cuando se habla de revueltas campesinas se alude a las que llevan a cabo pueblos indígenas, sin la distinción que se hacía para el caso de México. La rebelión se venía gestando desde mucho tiempo antes y sus causas habrían sido «el enganche forzado aplicado por los hacendados ávidos de fuerza de trabajo de bajo precio y la recluta forzada efectuada por los bandos en lucha por el poder político»[23].

Perú, a fines del siglo xix y comienzos del xx, fue sacudido por una serie de levantamientos insurgentes del campesinado, de todo tipo e intensidad, que se desarrollaron en la sierra sur y también en el centro. Varias de las zonas laneras del sur estallaron repetidas veces en rebeliones, generando represalias y contrarrepresalias a lo largo de la línea de avance de las haciendas. En este contexto, el liberalismo decimonónico del Estado peruano define al indígena como un ser de alma perdida, agraviado por los mestizos, preso por el pasado y las haciendas feudales, y que necesitaba ser rescatado por la institucionalidad[24].

Las acciones de violencia social popular en el espacio rural del Perú son muy complejas en cuanto a sus protagonistas, básicamente, porque el mundo popular es complejo. Compuesto por distintos grupos raciales, cada uno de ellos ejerce bajo motivaciones y formas propias la rebeldía, derivada, eso sí, de elementos comunes como son la explotación y la segregación.

Así, campesinos mestizos, indígenas, culies y negros protagonizan una serie de levantamientos que, como señalábamos, adquieren características específicas y estallan por las condiciones particulares que afectan a cada grupo. En efecto, estos van desde asonadas extremadamente violentas, como el levantamiento de trabajadores

---

22   Agustín Barcelli, *Breve historia económico social del Perú* (Lima: Editorial Jatunruna, 1981), 286.

23   Ibíd., 288.

24   Brooke Larson, *Indígenas, elites y estado en la formación de las repúblicas andinas* (Lima: Pontificia Universidad Católica del Perú, Fondo Editorial, 2002).

asiáticos en 1870, hasta las acciones de bandolerismo perpetradas por esclavos negros cimarrones.

La revuelta llevada a cabo por trabajadores asiáticos en una hacienda azucarera en el año 1870 es descrita por Agustín Barcelli:

> El centro de la revuelta fue la hacienda Upaca de Canavel donde laboraban unos 500 chinos, el día cuatro de septiembre de ese año se encontraban comiendo el dueño de la hacienda con otros dueños de tierras, cuando irrumpió violentamente en el comedor una masa de chinos armados con pistolas, cuchillos y machetes, dando muerte a los comensales, de la hacienda roban cincuenta caballos, con los cuales organizaron un escuadrón montado, que pronto aumento a 600 asiáticos[25].

El autor señala que, incrementando su número, comienzan la embestida a Pativilca, donde los habitantes fueron advertidos y se refugiaron en las iglesias. Los que no lograron refugiarse fueron tomados prisioneros, las mujeres violadas y los hombres asesinados, decapitados y sus cabezas puestas en largas picas. En su camino a Barranca, los pobladores pudieron organizarse y repeler el ataque «sembrando en el camino cadáveres», los sobrevivientes huyeron, pero fueron perseguidos y devueltos a sus haciendas, lo que, según Barcelli, dejó un total de ciento cincuenta chinos muertos.

Los levantamientos de los culies fueron recurrentes en las haciendas peruanas a causa de las inhumanas condiciones laborales a las que estaban sometidos. El trabajo en la hacienda tenía un carácter de semiesclavitud, lo que determinó que los levantamientos adquirieran una radicalidad y violencia comparable solo con los levantamientos de esclavos negros.

En relación con el contexto en que se desarrollan las revueltas, la indagación histórica muestra que es en periodos de transformación cuando proliferan las acciones de violencia social. También aquí es necesario aclarar que esta transformación o etapa transicional puede ser política, económica o ambas. Así por lo menos lo evidencian las revueltas ocurridas en Huanta, en los albores de la independencia peruana, y luego la ocurrida en la transición al capitalismo[26].

Pero la violencia colectiva no fue la única expresión de descontento de los culies; la acción individual también fue importante. Asesinar a quienes explotaban y reprimían en las haciendas fue otra forma en que estos trabajadores agrícolas demostraron violentamente su disconformidad. Si bien los asesinatos no son una constante en los levantamientos populares y es difícil catalogarlos como parte de lo que denominamos

---

[25]   Barcelli, *Breve historia económico social del Perú*, 290-291. Respecto a este punto el autor realiza una descripción de los tipos de trabajadores existentes en el Perú decimonónico, el régimen de trabajo al que fueron sometidos y las revueltas en las que vieron se involucrados.

[26]   Patrick Husson, *De la guerra a la rebelión. Huanta, siglo XIX* (Lima-Cuzco: Centro de Estudios Regionales Andinos Bartolomé de las Casas-Instituto Francés de Estudios Andinos, 1992).

transgresión social, en este caso resulta plenamente atingente hacerlo, pues se trata de asesinatos que los trabajadores cometían selectivamente sobre quienes representaban el origen de su desgracia.

Otro de los sujetos ligados al campo y que manifestó violentamente su descontento con los cambios ocurridos a mediados de siglo fue el esclavo. Los estudios realizados por el historiador Carlos Aguirre nos indican que los esclavos respondían a su situación de diversas maneras, desde aceptarla pasivamente hasta rebelarse con violencia. El rango incluye la resistencia pasiva al trabajo, a través de la pereza, la fuga o el suicidio, y la activa, participando o propiciando levantamientos o cualquier acción de violencia individual o colectiva[27].

Si bien cuando hablamos de la fuga de un esclavo no podemos hablar de un caso de violencia social en el ámbito rural, sí podemos decir que constituye una acción de transgresión al sistema de dominación. En este sentido, el esclavo fugado recupera para sí la capacidad para decidir sobre su destino y, por lo tanto, transgrede el derecho de propiedad. A la vez, la huida se convierte en una transgresión mayor, ya que el cimarronaje implica necesariamente recurrir a modos de subsistencia que, la mayoría de las veces, deben transgredir el orden; es aquí donde podemos vincular el cimarronaje con el bandolerismo.

Cimarronaje y bandolerismo están intrínsecamente ligados; el primero no habría alcanzado la importancia que tuvo si los fugados no hubiesen tenido la alternativa de dedicarse con cierto éxito al robo para sobrevivir, y el segundo no habría perturbado el orden social, como efectivamente lo hizo, si no hubiese sido permanentemente alimentado por los esclavos que se fugaban de las haciendas[28].

El bandolerismo forma parte de las acciones de transgresión social que no responden a la categoría de revuelta ni de acción colectiva y que se encuentran muy extendidas por América. Según autores como John Coatsworth, el bandolerismo en el Perú resulta «imposible de medir, no solo por la falta de datos para la mayoría de las regiones y épocas, sino también por las dificultades que tienen los historiadores para distinguir entre el bandolerismo social y la variedad más claramente lucrativa»[29].

En el caso de México también existen referencias a dicho fenómeno y su proliferación a partir de los procesos de transformación experimentados por la sociedad latinoamericana durante el siglo xix. Según William Taylor,

---

[27] Carlos Aguirre y Charles Walker (eds.), *Montoneros, abigeos y malhechores. Criminalidad y violencia en el Perú, siglos XVIII-XX* (Lima: Instituto de Cooperación Agraria, 1990).

[28] Carlos Aguirre, «Cimarronaje, bandolerismo y desintegración esclavista. Lima, 1821–1854», en *Montoneros, abigeos y malhechores. Criminalidad y violencia en el Perú, siglos XVIII-XX*, 139-181.

[29] Coatsworth, «Patrones de rebelión rural en América Latina: México en una perspectiva comparativa», en *Revuelta, rebelión y revolución. La lucha rural en México del siglo XVI al siglo XX*, 220.
Ibíd., 34.

el bandolerismo experimentó una expansión desde 1785 atribuible a los procesos de transformación sufridos por la sociedad mexicana luego de los cambios económicos del siglo xviii: nuevas riquezas derivadas del comercio y la expansión de la economía de mercado de Guadalajara, aunadas al rápido crecimiento de la población de los pueblos, cada vez más escasos de alimentos y oportunidades para las generaciones más jóvenes[30].

Tratando de desarrollar una explicación del fenómeno, el autor señala que «la inmigración y el bandolerismo se debían probablemente a fenómenos de rechazo y atracción: gente forzada a salir de los pueblos por el aumento de la población y la escasez de tierras por un lado y las expectativas de empleo y de una vida mejor en las florecientes poblaciones o en los caminos por el otro»[31].

La respuesta al porqué de la existencia y propagación del fenómeno la encontramos principalmente en las transformaciones económicas que sufre el campo y que despojan de los medios de subsistencia a muchos campesinos. Así, el bandolerismo, más que deberse a las razones que invoca Hobsbawm en el análisis de su variante social, puede explicarse por la existencia de una enorme cantidad de jóvenes sin expectativas ni posibilidades de inserción económica. La expansión de la gran propiedad a costa de los pequeños campesinos deja sin medios de subsistencia a vastos sectores de la sociedad rural mexicana, impulsándolos al pillaje y al robo para subsistir.

Las motivaciones del bandolerismo en el Perú son tantas y tan diversas como los sujetos incurren en él. Negros e indígenas a menudo se convertían en bandoleros al huir de las pesadas cargas tributarias o de la explotación despiadada.

En las primeras décadas de la vida republicana en Perú, el bandolerismo se convirtió en un fenómeno endémico. Los bandoleros participaron en la guerra por la independencia, sirviendo en ambos bandos y sacando ganancias de la situación de inestabilidad y violencia en que se vio inmersa la naciente república. Para autores como Charles Walter, los bandoleros ejercieron el robo y el pillaje en nombre de los ideales de cualquiera de los dos bandos, y sus ataques se caracterizaron, en este periodo, por su creciente naturaleza política[32].

Este razonamiento no solo explica la motivación del hecho, sino también la importancia y profundidad que tiene en el contexto de rechazo a las transformaciones sociales ocurridas en distintos periodos del devenir americano. Así, el autor subraya

---

[30]   William Taylor, «Bandolerismo e insurrección. Agitación rural en el centro de Jalisco», en Fredrich Katz (comp.), *Revuelta, rebelión y revolución. La lucha rural en México del siglo xvi al siglo xx*, 220.

[31]   Ibíd.

[32]   Aguirre y Walker (eds.), *Montoneros, abigeos y malhechores. Criminalidad y violencia en el Perú, siglos xviii-xx.*

que «el cambio más importante fue la creciente naturaleza política de los ataques de bandoleros y montoneros a comienzos de la república»[33].

Independiente de quienes hayan sido sus protagonistas o de las formas que hayan adquirido las acciones de violencia social, los estudios sobre el particular tienen un importante elemento en común: el contexto transicional en el cual se desarrollan.

Como señala William Stein, la transgresión y violencia social se producen en momentos de transformación y, muchas veces, son propiciadas por acciones llevadas a cabo en espacios alejados del mundo campesino. Los procesos de modernización económica y política son, en síntesis, los procesos que desencadenan las acciones de violencia social popular[34].

Los estudios de revuelta social en el ámbito rural chileno

Los estudios que abordan el espacio rural de México y Perú no establecen una diferenciación entre campesinado e indígenas. Esto no quiere decir que no incluyan las especificaciones y particularizaciones que requiere cada caso; todo lo contrario, dichos estudios dejan claro que las acciones de violencia perpetradas por estos sectores sociales tienen las características específicas que ya reseñamos en párrafos anteriores.

Sin embargo, para las investigaciones desarrolladas en Chile, la sociedad campesina no incluye a los sectores indígenas, de modo que el estudio de sus levantamientos prescinde de este tipo de análisis. Esto impide que consideremos como levantamiento campesino la reacción del pueblo mapuche frente al proceso de expansión territorial que realiza el Estado y la elite chilena en la segunda mitad del siglo XIX. Tal vez, para los historiadores chilenos, resulte evidente la diferenciación entre mundo indígena y campesinado, no obstante, para los estudios hechos en países como México y Perú, no existe tal división.

Si el proceso de modernización política y económica realizado bajo la bandera del liberalismo se desarrolló de manera muy parecida en todas las naciones de América Latina y afectó igualmente a pueblos mestizos e indígenas, no entendemos por qué para historiadores de otras naciones los levantamientos indígenas son levantamientos campesinos y para Chile son simplemente levantamientos indígenas.

Esta situación hace que autores como Bengoa señalen tajantemente que en Chile no existen levantamientos campesinos durante todo el siglo XIX y que lo más parecido a

---

[33]   Charles Walker, «Montoneros, bandoleros malhechores: criminalidad y política en las primeras décadas republicanas», en Carlos Aguirre y Charles Walker (eds.), *Montoneros, abigeos y malhechores. Criminalidad y violencia en el Perú, siglos XVIII-XX*.

[34]   William Stein, *El levantamiento de Atusparia. El movimiento popular ancashino de 1885: Un estudio de documentos* (Lima: Mosca Azul Editores, 1988).

esto son las acciones de bandolerismo desarrolladas en el contexto de la independencia nacional. Esta diferenciación hecha para el siglo xix ya no se aplica para el siglo xx: el levantamiento de Ranquil ocurrido en 1934, a pesar de que sus líderes son comuneros mapuches, es considerado como una revuelta campesina, clasificación que integra las categorías de campesinado e indígenas.

Una perspectiva diferente entrega Igor Goicovic en su artículo sobre el levantamiento de indios de Chalinga ocurrido en 1818[35]. El autor analiza esta particular y casi desconocida revuelta desde la perspectiva de las rebeliones campesinas ocurridas en América Latina en el contexto de modernización capitalista. Sin embargo, su enfoque no es generalizado; lo común es que los levantamientos indígenas sean analizados desde la etnohistoria, la antropología o las matrices culturales, escindiéndolos del mundo campesino chileno. Bajo esta mirada y frente a la aparente ausencia de revueltas campesinas, el estudio de la violencia social en el ámbito rural se refiere principalmente al análisis del fenómeno del bandolerismo.

El bandolerismo es una expresión de violencia social existente desde el periodo colonial hasta la actualidad en el campo chileno[36]. No obstante, los estudios específicos que lo abordan son bastante pocos. Si bien el bandolerismo forma parte de algunos análisis realizados sobre el mundo rural de nuestro país, el tema en específico cuenta con pocas investigaciones. Entre los trabajos publicados, podemos diferenciar los que indagan en la particularidad de un espacio y un momento y los que pretenden hacer una interpretación de carácter más general.

De estos últimos, sin duda, el más clásico es el texto de Mario Góngora[37] *Vagabundaje y sociedad fronteriza en Chile (siglos xvii a xix)*, donde el autor describe el bandolerismo como un azote al campo chileno. La relación que hace entre el vagabundaje y el bandolerismo nos induce a verlo como un problema determinado por la marginalidad de algunos sujetos dentro de la sociedad rural chilena entre los siglos xvii y xix. Para Góngora, los sujetos que no se integran a sus espacios sociales son los que van a engrosar las filas del bandolerismo. Son aquellos que, por su desarraigo, sus vicios y su poco gusto por el trabajo se convierten en vagabundos y se vuelcan al bandidaje como mera forma de subsistencia. Es importante anotar, entonces, que, bajo

---

[35] Igor Goicovic, «Conflictividad social y violencia colectiva en Chile tradicional. El levantamiento indígena y popular de Chalinga (1818)», 51-86.

[36] Un bullado caso de bandolerismo fue ampliamente cubierto por la prensa en el año 2004: se trataba de los «Chuchetas del río», banda que por generaciones se dedicaba al salteo y robo de animales en la cuarta región. Si bien no podemos hablar de que es una situación extendida que represente en la actualidad una real problemática en el campo chileno, podemos señalar que esta expresión de violencia aun sigue existiendo.

[37] Mario Góngora, *Vagabundaje y sociedad fronteriza en Chile (siglos xvii a xix)* (Santiago: Cuadernos del CESO, 2, 1966).

la perspectiva de Góngora, el bandolerismo no es un fenómeno extendido a todos los sujetos populares, sino que se limita a aquellos que, perteneciendo a este estrato, no se integran a su realidad sino que la rechazan convirtiéndose en marginales.

En la misma lógica, Maximiliano Salinas[38] señala que el bandolerismo sería una de las formas que tiene el vagabundo —el sujeto más explotado de la sociedad— de sobrevivir, rechazando el conformismo pasivo de la mendicidad y adoptando, por el contrario, la resistencia violenta y rebelde de la acción vandálica.

Para Salinas, el bandolero es profundamente religioso y justiciero; representa la acción y el sentir del pueblo pobre: «El bandido es un hombre que comparte los gozos y alegrías del pueblo. Esto hace que el pueblo lo sienta íntimamente como suyo, adherido a sus gustos y regocijos. Más, al mismo tiempo, es un héroe trágico, que comparte el dolor del pueblo, la mala suerte que lo conduce a un destino fatal»[39].

La otra interpretación general del fenómeno proviene de José Bengoa[40]. Si bien su tema no es el alzamiento de los campesinos, sino más precisamente su subordinación y dominación, este autor dedica algunas páginas al bandolerismo. En ellas, atribuye sus causas a la estructura de la sociedad colonial, donde al no estar constituida la propiedad y existir una política excluyente por parte de las instituciones coloniales, emergería desde el pueblo una sociedad paralela con sus propias costumbres y formas de vida, «vagamunda, trashumante, semidelictual e independiente de mucha raigambre»[41].

Bengoa, al igual que Góngora, aboga por una diferenciación de las causas del bandolerismo según el momento histórico en el cual se desarrolle; en este sentido, para el periodo de la independencia estas serían de una clase particular, aunque su explicación siga dependiendo de la estructura.

El desorden provocado por la guerra de independencia en el reino y en la sociedad generó el levantamiento de muchos sectores, mientras que las autoridades, que no lograban consolidar el poder, permitían la existencia de estas acciones: «Hasta 1840 el sur del país estaba en manos de bandidos, vagabundos, montoneros ocasionales, y toda suerte de líderes y personajes de una sociedad popular que no reconocía poder alguno y que no temía a la fuerza represiva, porque la sabía débil»[42].

No obstante la explicación desde la estructura o el poder que entrega, Bengoa disiente de la explicación de Góngora, ya que cataloga el bandolerismo de comienzos

---

[38] Maximiliano Salinas, «El bandolero chileno del siglo XIX. Su imagen en la sabiduría popular», *Araucaria de Chile*, 36 (Madrid: Ediciones Michay, 1986), 57-75.

[39] Ibíd., 73.

[40] José Bengoa, *Historia social de la agricultura chilena*, tomo 1: *El poder y la subordinación* (Santiago: Ediciones SUR, 1988).

[41] Ibíd., 104.

[42] Ibíd., 107.

de la república, no como una simple acción delictual y por lo tanto marginal, sino como «quizá la única insurrección masiva de campesinos habida en el país durante su historia»[43]. Esta acción habría comenzado, según el autor, a generalizarse conforme avanzaba el siglo y a disminuir cuando el campesino alzado tuvo alternativas en otros lugares del país u otros ámbitos de la economía que le permitieron escapar de la subordinación; la misma contra la cual se había levantado. Bengoa, en definitiva, no ve esta manifestación popular como una expresión delictual, sino como rebeldía, como transgresión al orden impuesto; en sus propias palabras, como el origen de la protesta.

Los estudios de carácter más específico para este tema no pueden negar la influencia del texto de Eric Hobsbawm[44], pues todos lo utilizan como referencia, ya sea para coincidir con sus planteamientos, ya para disentir de ellos. Sin duda, la base de la discusión se encuentra en su categoría de «bandidaje social», que aleja la acción transgresora del bandolero rural de las conceptualizaciones meramente delictuales. Esto, porque el autor le otorga un aura de enfrentamiento de clases en un momento de trasformación social, algo muy discutido para el caso chileno.

No obstante, el trabajo de Ana María Contador[45] utiliza las categorías de Hobsbawm para señalar que la acción de los sujetos populares del campo en el contexto de la independencia chilena tiene el carácter de bandolerismo social. La autora, coincidiendo con Bengoa, define el bandolerismo como una acción de rebeldía y descontento social del pueblo pobre que, en el contexto de la independencia, al verse obligado y arrastrado por la clase dominante a participar en un conflicto que le es ajeno, huye a los montes y se convierte en guerrilla montonera. De estos, los Pincheiras serían el arquetipo.

Si bien el bandolerismo es una acción que trasciende el espacio temporal estudiado por la autora, en su trabajo señala que hay ciertos elementos que permiten el desarrollo y la expansión del fenómeno. Uno de estos sería la debilidad del Estado en el periodo de la independencia o la poco efectiva acción de la policía. Pero también habría motivos del bandolerismo que lo harían calzar con la categoría de bandidaje social: las intenciones de los propios sujetos y no solo de la oportunidad para hacer fechorías.

En este último sentido, su texto plantea que en periodos como la independencia, las acciones de rebeldía y rechazo a la institucionalidad se exacerban y se nutren con otras causas que realzan la conducta de rechazo al orden impuesto. En palabras de la autora, «fue el campesinado del sur el que se alzó contra el nuevo aparato estatal. En definitiva, contra las fuerzas que distorsionaban y destruían el orden tradicional»[46].

---

43   Ibíd., 108. El destacado es del original.

44   Eric Hobsbawm, «*Rebeldes primitivos*». *Estudios sobre las formas arcaicas de los movimientos sociales en los siglos xix y xx* (Barcelona: Ariel, 1983); *Bandidos*.

45   Ana María Contador, *Los Pincheira. Un caso de bandidaje social. Chile, 1817-1832* (Santiago: Bravo y Allende Editores, 1998).

46   Ibíd.

La sociedad que defendían tenía como símbolos el rey y la Iglesia, pero estos estaban en contradicción con los símbolos del liberalismo republicano.

Si bien Contador diferencia los motivos de las acciones desarrolladas por los bandoleros corrientes y las guerrillas montoneras, las vincula mediante la noción de rechazo a la institucionalidad, la protección y complicidad que existe entre ellas y, finalmente, las acciones de pillaje, robo y saqueo que comparten.

Distintas son las conclusiones a las que arriba Jaime Valenzuela Márquez[47], quien analiza, en un espacio y en un contexto distinto, el fenómeno del bandolerismo. El autor, contrariamente a Ana María Contador, se centra en el bandolerismo considerado como una expresión delictual y aplica este juicio a todas sus expresiones: el salteo, el abigeato y las montoneras.

La acción de bandidaje, para Valenzuela, está íntimamente relacionada con la precariedad de las condiciones de vida de los sujetos populares del campo en el periodo estudiado. Según el autor, quienes cometen estas acciones se encuentran en una posición de profunda marginación no solo respecto a los beneficios económicos, sino también respecto a la institucionalidad y la moralidad impuesta por la elite.

Si bien el periodo y la zona a la cual se refiere el estudio están inmersos en el proceso de transición al capitalismo vivido por nuestro país, cuestión que repercute en las identidades sociales y en las estructuras económicas, el autor no centra sus argumentos en estas causales. Las acciones de bandidaje estarían, a su juicio, más bien en las permanencias que en los cambios.

La casi nula respuesta del sector agrícola sobre todo lo referente a la propiedad de la tierra, a la transformación capitalista y la permanencia de elementos culturales de desarraigo y transgresión de los sujetos populares serían las causales del bandolerismo. Los bandoleros, por tanto, son, en el criterio de este autor, sujetos marginados de la posesión de la tierra, cuyo desarraigo los lleva a desarrollar conductas fuera de la ley y la moral, donde la violencia y el robo son una particularidad.

El estudio de Valenzuela no sindica a todos los campesinos como bandoleros, sino a un espectro marginal con propensión al delito, pues sus características psicosociales así lo determinan. Si bien el autor no explicita en qué consiste esta condición, se puede deducir del estudio que lo *psico* corresponde a su tendencia a la violencia, al robo y al juego, mientras que lo *social* sería el desarraigo heredado del campesino pobre nacido en la colonia, que no tiene ninguna posibilidad de acceder a la tierra.

Por su parte Daitsman[48] coincide con Valenzuela en que el bandolerismo no enfrenta al poder ni es producto de un heroísmo romántico que defiende la tradición, sino, más bien, una mera acción de subsistencia. Esto entra en contradicción con la visión que la propia

---

[47]	Jaime Valenzuela Márquez, *Bandidaje rural en Chile central. Curicó, 1850-1900* (Santiago: DIBAM, 1991).

[48]	Andy Daitsman, «Bandolerismo: mito y sociedad. Algunos apuntes teóricos», *Proposiciones* (1990): 19.

sociedad campesina elabora del bandido, pues si bien en la tradición popular el bandolero representa la libertad y despierta admiración —aunque también temor—, lo cierto es que el bandido actúa contra ese mismo pueblo que construye una visión mágica de él.

Referente al tipo de bandolerismo que existe en Chile, es posible citar también las tesis inéditas de Alberto Bersezio y Mario Valdés sobre el fenómeno en Rancagua[49] y Concepción[50]. Ambas, coincidentemente con los últimos estudios citados, plantean que el concepto de bandolerismo social de Hobsbawm no es aplicable en Chile, pues la marginalidad de los bandoleros, la violencia de su acción y su objetivo fundamental de subsistencia distinguen al fenómeno en nuestro país.

Si hay un aporte fundamental que los trabajos de Contador, Valenzuela, Berzecio y Valdés han hecho en el tema es, sin duda, la rica recopilación de casos que les ha permitido levantar categorías y construir una tipología del sujeto ligado al bandolerismo. De estos se desprende que los bandoleros eran en su mayoría sujetos jóvenes, solteros, no propietarios y que trabajaban como peones gañanes.

La relación con las víctimas vuelve a distanciar a los autores. Mientras que, para Bengoa, Salinas y Contador, la protección del entorno popular campesino es fundamental para la existencia de estas conductas y, por lo tanto, la red de relaciones sociales, protección y admiración es consustancial al bandolerismo, Daitsman, Valenzuela y Valdés señalan que la acción violenta hacia sus congéneres les significa a los bandoleros rechazo y temor más que solidaridad, lo que redunda en una constante denuncia de las acciones delictuales frente a las autoridades.

Para Daitsman, esto significa alejar la realidad de la visión que las comunidades se hacen respecto del bandido. La comunidad campesina ve al bandido como un vengador o un sujeto libre que puede escapar de la opresión y la explotación, y se identifica con él a través de una imagen mítica. Sin embargo, la realidad es otra; el bandolero es aquel que no solo transgrede las normas sociales impuestas por la elite, sino que también ataca a los pobres y miserables robándoles lo poco que tienen sin respetar ningún código de solidaridad.

Para el caso de los estudios de Rancagua, Concepción y Curicó, las fuentes señalan que las víctimas son indistintamente ricos hacendados, precarios campesinos o miserables gañanes. Importante resulta aquí la diferenciación que hace Valenzuela Márquez de los pobres rurales, ya que, si bien los pequeños propietarios y los inquilinos son en la estructura social del siglo xix considerados como pobres, tienen una condición que los diferencia radicalmente de los perpetradores de los delitos de abigeato y salteo; esto es

---

49   Alberto Bersezio, «Bandolerismo en Rancagua. 1850-1890» (tesis para optar a la maestría en Historia, Universidad de Santiago de Chile, 1993).

50   Mario Valdés, «Historia social de la delincuencia y el bandolerismo en la provincia de Concepción 1835-1860» (tesis para optar a la maestría en Historia, Universidad de Concepción, 2003).

la relación con la tierra, ya sea a través de la posesión, el arrendamiento, o el uso como beneficio. Esta misma condición determina que quienes son sindicados como bandidos sean marginales respecto al sistema, debido a su desarraigo que los convierte en sujetos que crean y recrean sus propios códigos valóricos y de conducta.

Berzeccio va más allá y cuestiona incluso la presunta imagen mítica que existe sobre el bandolero. A través del análisis de literatura campesina, señala que en la lírica y narrativa popular los bandoleros son representados como delincuentes agresivos, como simples ladrones que abusan del pueblo al que pertenecen, y es por eso que los finales felices son aquellos en los que estos sujetos son apresados o castigados por la propia comunidad.

Esto contradice tajantemente la interpretación de Salinas según la cual la literatura rescata al bandolero, pues la acción de este responde a la categoría de bandolero social.

Si bien las razones estructurales de la existencia del bandolerismo son mencionadas por todos los autores —ya sea la exclusión o la debilidad del Estado— Contador y Bengoa las utilizan para explicar el descenso del fenómeno. Así, coinciden al señalar que el bandolerismo decayó gracias a un Estado fuerte que obligó a los campesinos libres a reconocer el poder y la propiedad, aunque Contador agrega que también necesitó de un fuerte contingente militar que reprimiera a los Pincheiras. No obstante, esta explicación no es pertinente para aquellos autores que explican la conducta de transgresión y violencia por la propia identidad popular, ya que un aumento de la represión y control por parte del Estado no genera, en el corto plazo, un cambio identitario en los sujetos.

Ya constatábamos anteriormente que el contexto en el cual se desarrollan las acciones de transgresión y violencia social es un contexto de transformación, de transición, de modernización política y económica. Se trata de un elemento común que es necesario distinguir de las formas en que dichas acciones se expresan.

No es posible, entonces, levantar categorías únicas para la caracterización de las acciones de violencia social popular. Si bien en la presente revisión solo nos hemos abocado a las acciones de transgresión y violencia desarrolladas en el ámbito rural, aun así vemos que estas adoptan formas que van desde la revuelta colectiva —que a su vez toma características distintas según quienes sean sus protagonistas: campesinos libres, pueblos indígenas, esclavos negros, trabajadores chinos— a la transgresión individual, como la vagancia, la delincuencia o el bandolerismo[51].

---

[51] Claudio Pérez Silva, «Revuelta popular y motines peonales en el Norte Chico. Copiapó en el contexto de la guerra civil de 1891» (tesis inédita para optar al título de magíster en Historia, Universidad de Santiago, 2007). El autor realiza también aquí una revisión general de los estudios de las revueltas populares en el ámbito de los espacios mineros y urbanos.

El análisis de la transgresión popular en el campo chileno desde la teoría de la violencia

La construcción político social y económica de Chile ha sido un proceso en el que la violencia ha estado presente de manera permanente. Sin embargo, las expresiones de violencia social adquieren dimensiones y significados distintos según quién sea el que las comete. Cuando nos referimos a las acciones de violencia social cometidas por la elite, encontramos en ellas motivaciones que superan ampliamente las bajas pasiones o el impulso irrefrenable de la ira. A la violencia ejercida por el Estado, los propietarios y los sostenedores de la lógica de la subordinación le atribuimos siempre razones estructurales, que tienen que ver con el resguardo de sus intereses y la construcción de los lazos de dominación.

No ocurre lo mismo para la violencia ejercida por los sectores populares. Al analizar las acciones de transgresión violenta llevadas a cabo por los subordinados, a menudo nos preguntamos si estas realmente son motivadas por un cuestionamiento al orden político, económico y social o son más bien, acciones gatilladas por el estómago; procesos de descontrol o simple violencia delictual. Es decir, cuando la elite en forma organizada a través del Estado o en forma privada en sus relaciones cotidianas ejerce la violencia, esta es asumida como una forma de mantener la estructura y el orden de las cosas y, por lo tanto, se le atribuye una importancia y profundidad que no se le otorga a las acciones de violencia popular, a menudo catalogadas como criminalidad o simple reacción.

Para el caso de la violencia social campesina, el cuestionamiento resulta aún más patente: ¿Es posible que un sujeto que no tiene conciencia de clase y —para el caso chileno, que se caracteriza por su subordinación— actúe bajo intereses más amplios que la simple subsistencia?

No obstante, creemos que las acciones de violencia social popular no siempre son una respuesta visceral frente al abuso ni están motivadas solo por la necesidad. Tampoco nos parece que se limiten a ser comparsa de los conflictos de la elite que, como masa descerebrada, moviliza al pueblo a su antojo. Creemos que en las acciones de violencia social popular es posible encontrar motivaciones que tienen que ver con la resistencia que los subordinados desarrollan en contra de la subordinación, y que esta resistencia significa un aprendizaje constante, generador de identidad colectiva que se nutre no solo de la experiencia cotidiana de la explotación y la represión, sino también de la transgresión.

Esta violencia social popular adquiere distintas formas según el espacio en que se desarrolla y los sujetos que la materializan. Estudiarla desde la historia de la violencia requiere despejar los significados y sentidos que pesan sobre esta categoría para luego abordar la caracterización de las acciones y su interpretación a la luz de las motivaciones.

Entendemos por violencia social, a la acción de transgresión violenta de los sectores populares ejercida en el espacio público y que involucra como causa o víctima a la comunidad.

Como premisa, diremos que la violencia dirigida hacia un cuerpo, una propiedad o un orden es un elemento básico en la construcción identitaria de los sectores populares en Chile. En esta lógica, es posible analizar el fenómeno desde una perspectiva amplia, no solo como la violencia que se ejerce contra un cuerpo (asesinato, violación, golpiza) o contra una propiedad (robo, hurto, destrozos), sino también como la que transgrede los patrones conductuales establecidos que dicen relación con la moralidad que regula las relaciones privadas y define cuál es la forma en la que un individuo debe ganarse la vida, o los símbolos y personajes a los que debe rendir pleitesía y obediencia. En definitiva, la violencia es un acto de transgresión de los patrones sociales hegemónicos.

En las descripciones y análisis de las acciones violentas, existe un planteamiento recurrente: que estas son perpetradas por sujetos anómalos que actúan bajo la ira o por colectividades que se dejan llevar por bajos instintos alejados de toda racionalidad. Esta valoración está más presente aún en la elite decimonónica cuando se refiere a acciones de transgresión social llevadas a cabo por los sectores populares, ya sea que estén dirigidas a los cuerpos, los bienes o la moral. Sin embargo, la violencia no es una condición biológica, no es un impulso hormonal que se desata en un momento determinado, sino que es una construcción social. Los estudios al respecto diferencian la agresividad, condición biológica, de la violencia, condición social. En palabras de San Martín, «somos agresivos por naturaleza, pero violentos por cultura[52]».

La violencia es el producto de elementos culturales aprendidos que logran modificar la natural agresividad. Esto tiene su origen en la historia personal de los individuos y obedece a múltiples condicionantes, como la familia, la escuela, los prejuicios, el trabajo, el vecindario, las ideologías, los valores, la cosmovisión, etc[53].

Pero la violencia es una situación cotidiana para los sectores populares: la ejerce el Estado, a través de la represión física; la Iglesia, a través del control moral, y los propietarios a través de la explotación. Es por eso que, apoyándonos en las definiciones de San Martín, podemos señalar que las acciones de violencia social llevadas a cabo por los sujetos populares no corresponden a situaciones excepcionales, sino a la cotidianeidad en la cual se construye su identidad.

Es en el complejo sistema de los valores y sus contrarios donde radica el origen de la violencia individual e institucional. Esta se proyecta de tres maneras: contra

---

[52]   José San Martín, *La mente de los violentos* (Barcelona: Editorial Ariel, 2002), 132.

[53]   Ibíd., 135.

34

los cuerpos (aborto, tormento, riña, duelo, violación, rapto, suicidio, homicidio, asesinato, ejecución de la pena de muerte), contra la propiedad (hurtos, asaltos, robos, falsificaciones, fraudes, corrupción) y contra el pensamiento (la más difusa de todas; censura, índice de libros prohibidos, expurgatorios). Las dos primeras corresponden más bien a formas de violencia física, mientras que la tercera puede considerarse un tipo de violencia moral[54].

El poder dicta los valores y establece formas de control social para su respeto y reproducción; la sociedad es un espacio cerrado pensado para la moralización[55]. Ángel Rodríguez, en su estudio sobre la historia de la violencia en los siglos XVI y XVII, identifica los espacios en que se produce la violencia: la calle, la iglesia y la cárcel.

Rodríguez define la calle como el lugar de «exposición», el espacio donde la elite, ejerciendo su poder, despliega los mecanismos de coerción y control. Sin embargo, la calle representa una contradicción porque, si bien en ella el poder se despliega en toda su expresión, a la vez constituye un espacio difícil de controlar, donde libertades, reyertas y reclamos se dan cita, así como la delincuencia organizada. En palabras del autor: «Desde los paseos vergonzantes, hasta las ejecuciones de la pena de muerte, la calle se convierte en un teatro repleto de protagonistas, de personajes secundarios y de espectadores»[56].

En el campo, encontramos el espacio de la violencia en las orillas de los ríos, los caminos abiertos y los cazaderos[57].

Si hablamos de represión moral, la Iglesia también se convierte en un espacio de violencia, ya que ahí entran en diputa elementos culturales, funerarios y de vida, donde la transgresión laica y la represión eclesiástica se enfrentan. Y si nos referimos a la violencia física institucional, esta se ejerce en la cárcel, concebida como espacio especializado en la tortura, la gresca, el juego y la corrupción[58].

Asignando espacios y formas a la violencia, coincidimos en que «es una manifestación social que en muy escasas ocasiones obedece a la espontaneidad deseable de sus protagonistas, pues, casi siempre, es posible descubrir un conjunto de intencionalidades primarias muy difíciles de acotar y analizar»[59].

Por eso, cuando hablamos de violencia social, nos referimos a las acciones que podemos relacionar con la colectividad, ya sea porque consideramos que ahí está la

---

[54]   Ángel Rodríguez, «La historia de la violencia: espacios y formas en los siglos XVI y XVII», en Carlos Barros (ed.), *Retorno del sujeto*, vol. 2 (Santiago de Compostela: Historia a Debate, 1995), 117 y 118.

[55]   Ibíd., 118.

[56]   Ibíd., 120.

[57]   Ibíd., 120.

[58]   Ibíd.

[59]   Ibíd., 126.

causa, es decir, las transgresiones violentas tienen una motivación social, ya porque la comunidad o el orden institucional son los ámbitos violentados. Es pertinente, por lo tanto, diferenciar las acciones de violencia social de aquellas que tienen como motivación el azar o la pasión, como el asesinato, violación, aborto, maltrato, etc.

Una expresión de la violencia social es la transgresión colectiva, donde se inscriben fenómenos como las revoluciones, las revueltas, los levantamientos o los motines, pero también otros como el bandolerismo y las montoneras. Todas estas transgresiones tienen en común la existencia de liderazgos: en todas, independiente de lo importante que pueda ser cada uno de sus componentes o actores, existe alguien que dirige o comanda las acciones de violencia, ya sea como jefe o cabecilla, al que obedece de forma explícita el grupo, o como líder carismático, que no manda pero actúa como guía en las acciones.

Según Beck, «la camaradería, el compromiso con un líder o una causa y las ilusiones colectivas[60]» son fenómenos que se dan exclusivamente dentro del contexto grupal, que es un egoísmo individual extrapolado. No podemos señalar que las acciones de revuelta social obedezcan simplemente a la manipulación de un líder, su imitación o la respuesta descerebrada de quienes, no teniendo adscripción real a un grupo, aprovechan el contexto de revuelta para sumarse al pillaje. La violencia colectiva guiada por un líder representa las características, deseos, expectativas y frustraciones de cada uno de sus componentes. La existencia y pervivencia de un grupo depende de sus bases; sus pilares son las interpretaciones que los miembros hacen de sus códigos, representaciones y creencias, aunque la comunicación al interior del mismo sea más bien etérea[61].

Esta interpretación adquiere relevancia cuando hablamos de las montoneras: si bien estas guerrillas campesinas se desenvuelven en un contexto donde los protagonistas y beneficiarios de los conflictos son las elites, no podemos decir que obedezcan simplemente al compromiso irracional con un líder o su manipulación. Por el contrario, ellas representan y persiguen sus propios intereses y, de este modo, asumen características específicas dentro del conflicto[62].

Haciendo una síntesis parcial, diremos que hablamos de violencia social cuando nos referimos a expresiones de transgresión ejercida por individuos o grupos en un contexto específico. Más precisamente, cuando entre este contexto y los sujetos protagonistas hay una relación directa de causa-efecto que le otorga la categoría de

---

[60]   Aaron Beck, *Prisioneros del odio* (Barcelona: Paidós, 2003), 231.

[61]   Ibíd.

[62]   Una caracterización y análisis más profundo de las montoneras se desarrollará en el capítulo v, dedicado a esta expresión de violencia social.

social a las expresiones de violencia y las diferencia de aquellas que pueden catalogarse como de mera agresividad.

Estas acciones de violencia pueden adquirir diversas formas, desde la violencia explícita y directa que significan las agresiones sobre el cuerpo y la propiedad hasta la indirecta o simbólica como la violencia moral, que implica la imposición de patrones conductuales o la transgresión de estos.

En relación con la violencia popular, diremos que, en la medida en que quienes la ejercen se encuentran en una situación de subordinación, explotación y dominación, podemos hablar de violencia social popular. Es relevante ahondar en estas expresiones e intentar encontrar los vínculos que existen entre la violencia estructural, la comunidad y las acciones de violencia de los sectores populares.

Es más, si nos detenemos en esta última categoría, veremos que también existe una problemática en la relación violencia-sectores populares. Como dijimos, los pobres han sido estudiados por las distintas disciplinas de las ciencias sociales, pero estas los han considerado principalmente como víctimas de la violencia y no como ejecutores conscientes de ella. En este sentido, los estudios históricos en general tienden a ver las expresiones de violencia de los sujetos populares como reacciones a la violencia institucional, sin indagar mayormente en sus motivaciones ni en la forma en que estas transgresiones han sido un elemento importante en la conformación de la identidad de los sujetos populares, definiendo sus acciones y la formas en que se relacionan con sus pares y con la institucionalidad.

Julio Pinto, para el análisis de las respuestas violentas de los trabajadores salitreros, nos entrega una definición de violencia popular perfectamente aplicable al contexto de esta investigación. Según Pinto, hablar de violencia popular «supone que sus practicantes pertenecen socialmente a un grupo sometido o subordinado a relaciones bastante manifiestas de dominación y de las que no puede escapar, debido básicamente a su propia condición material»[63].

Aquí podemos establecer que las acciones de violencia social popular son consustanciales a las sociedades de clase. Para Sodré Muniz, «la materialización de las relaciones basadas en la propiedad privada impone el ejercicio de una "violencia social"[64]», de manera que, cuando esta se ejerce sobre los sujetos subordinados o cuando los sujetos subordinados actúan violentamente sobre las estructuras sociales, siempre lo hacen en su condición de víctimas. Sin embargo, en esta misma relación de subordinación económica, política y moral, los sujetos populares van descubriendo, generando y desarrollando acciones de transgresión que no son solo de respuesta, sino también construcciones y constructoras de identidad propia.

---

[63]   Pinto, *Trabajos y rebeldías en la pampa salitrera*, 90.

[64]   Muniz Sodré, *Sociedad, cultura y violencia* (Buenos Aires: Norma, 2001), 20.

En la definición de lo popular para el siglo xix chileno, adquieren gran importancia los conceptos de marginación y exclusión. El marco temporal al que se refiere el presente estudio implica, para los sectores populares, no solo la explotación y la represión, sino también la exclusión y la discriminación. En estos ámbitos es posible usar las categorías y definiciones que propone Norbert Elias en su texto «Ensayo teórico sobre las relaciones entre establecidos y marginales»[65].

Para el autor, las relaciones de discriminación, exclusión y autopercepción de superioridad se construyen a partir de los grados de cohesión, identificación colectiva y mancomunidad de normas que un grupo se da a sí mismo[66]. En este caso, en la sociedad rural chilena de mediados del siglo xix existen dos grupos sociales claramente definidos, los patrones y los subordinados, cuya relación abarca todos los aspectos: políticos, económicos y culturales.

En este sentido, la estigmatización es aún más fuerte cuando el propio grupo social, depositario de la exclusión y la explotación, comienza a verse a sí mismo como el retrato que la elite hace de él, es decir, cuando lo incorpora como parte de su autoimagen, pues esto debilita la posibilidad que tiene de superar la subordinación.

Desglosando la categoría de violencia social popular

No es el proceso de aceptación de la imagen que construye la elite sobre los sectores populares lo que vamos a indagar en el presente trabajo, sino las acciones de transgresión social, pero desde una perspectiva amplia que consiga interpretarlas en su relación con la construcción de identidad popular y la resistencia.

Las acciones de violencia desatadas en el proceso de peonización adquieren nuevas formas: por un lado, se mantiene el bandolerismo social, asociado a la estructura tradicional, pero, por otro, aparece un nuevo sujeto que responde a los cambios identitarios: el delincuente ocasional, el que transgrede, violenta a través del robo, pero no adopta esa conducta solo como forma de subsistencia, sino como parte de su identidad desarraigada, y es, por lo tanto, un producto del proceso de modernización.

Paralelamente, y como parte de la conformación del Estado, la actividad política se nutre constantemente de acciones violentas, incorporando a los sujetos populares en la disputa por la construcción y dominación de la institucionalidad. Es así como no es posible disociar las montoneras o guerrillas bandoleras de las motivaciones políticas ni hablar de ellas como un tipo de bandolerismo vulgar. Es en estas expresiones de violencia social armada y nutrida de elementos políticos, donde se unen las

---

[65]   Norbert Elias, «Ensayo teórico sobre las relaciones entre establecidos y marginales», en *La civilización de los padres y otros ensayos* (Bogotá: Norma, 1998), 79-138.

[66]   Ibíd., 85.

motivaciones particulares de los campesinos con las motivaciones políticas de quienes las promueven; ambas se potencian y solo en este vínculo pueden existir.

El presente trabajo no tiene la intención de vincular el bandolerismo, la criminalidad campesina y las montoneras con el concepto de movimiento social. No tenemos la pretensión de otorgar a dichos fenómenos la condición de movimientos con identidad colectiva, conciencia y proyecto; tampoco de adjudicarles una intención transformadora o conservadora de la tradición, sino, más bien, de vincular sus acciones con el ejercicio de la violencia social popular en un contexto de transición al capitalismo e interpretarlas desde la óptica de la construcción de identidad popular, nutrida de actos, discursos y símbolos que se debaten entre la transgresión y la aceptación de las normas impuestas por la elite. Para llevar a cabo esta interpretación, utilizaremos el concepto de discurso oculto que define James Scott[67].

Para Scott, las relaciones entre dominadores y subordinados están mediatizadas por dos tipos de discursos: el público y el oculto. El primero se refiere al discurso que sustenta las relaciones de poder, implica la externalización de la dominación y está compuesto por todas las acciones, palabras y gestos que denotan subordinación, constituyendo un espacio donde uno obedece y el otro impone. El discurso oculto es, en cambio, «la conducta fuera de la escena, más allá de la observación directa de los detentadores de poder. [...] es, pues, secundario en el sentido de que está constituido por las manifestaciones lingüísticas, gestuales y prácticas que confirman, contradicen o tergiversan lo que aparece en el discurso público»[68].

En este sentido, creemos que las acciones de violencia y transgresión popular en el mundo rural pueden ser definidas como parte del discurso oculto que construyen los desposeídos del campo en su relación conflictuada con el poder. Si bien las acciones de bandolerismo[69] han sido definidas por algunos autores como mera delincuencia, y la transgresión cotidiana del delito es vista desde la necesidad de la subsistencia, es posible, a nuestro entender, rastrear en estas conductas una transgresión consciente de los valores e instituciones de la sociedad chilena decimonónica.

Estas acciones de transgresión van configurando un discurso oculto que tiene como medio de comunicación las relaciones establecidas entre los subordinados. Las borracheras, las festividades, el juego, el robo, el amancebamiento son expresiones de un discurso que se construye en los márgenes del poder y que va generando una acumulación de experiencias transgresoras que formarán la identidad popular y se

---

[67]   James Scott, *Los dominados y el arte de la resistencia* (País Vasco: Editorial Txalaparta, 2003).

[68]   Ibíd., 27.

[69]   Valdés, «Historia social de la delincuencia y el bandolerismo en la provincia de Concepción 1835-1860»; Valenzuela, *Bandidaje rural en Chile central. Curicó, 1850–1900*; Daitsman, «Bandolerismo: mito y sociedad. Algunos apuntes teóricos».

mantendrán soterradas, silenciosas y disimuladas en los contextos de mayor control, pero emergerán explosivas, hilarantes, violentas cuando las coyunturas lo permitan.

Los levantamientos armados en los que participa el pueblo campesino durante el siglo xix, si bien estamos de acuerdo en que no tienen el carácter de revueltas populares, sí expresan intereses propios. Cuando las montoneras arrasan con pueblos enteros, denostando la autoridad y violando la propiedad, no demuestran más que lo aprendido e internalizado en años de transgresión constante y cotidiana; en definitiva, es entonces cuando el discurso oculto se deja ver.

Indagando más en el concepto, Scott le otorga tres características básicas al discurso oculto. Primero, que «es específico de un espacio social determinado y de un conjunto particular de actores»; segundo, que «no contiene solo actos del lenguaje sino también una extensa gama de prácticas. De este modo, para muchos campesinos, la caza furtiva, el hurto en pequeña escala, la evasión de impuestos, el trabajo deliberadamente mal hecho son parte integral del discurso oculto», y, tercero, que «la frontera entre el discurso público y el secreto es una zona de incesante conflicto entre los poderosos y los dominados, y de ninguna manera un muro sólido»[70].

Existe un claro debate entre la subordinación y el rechazo a los patrones culturales impuestos por la elite en los sectores populares. Estos evidencian una aceptación en las declaraciones hechas en los juicios, en el sometimiento al patrón, en la aceptación de festividades religiosas y cívicas, y, sin embargo ,el delito y la amoralidad constante nos indican que la internalización real de estos patrones conductuales es muy débil.

Con esto no estamos diciendo, tal como argumenta Scott, que el sometimiento público sea una mera actuación, sino más bien que este va acompañado de acciones privadas que lo contradicen y que oscilan entre la creación de dichos o refranes, poesía popular, tradiciones orales y el robo, la huida de los centros productivos, el amancebamiento, entre otros.

Estas acciones contradictorias pueden adquirir una dimensión política al relacionarse con el poder. Así, es posible definir cuatro tipos de discursos políticos entre los subordinados. El primero es el público, que no es nada más que el autorretrato de las elites. Pero su aparente aceptación contiene una trampa: la elite debe respetarlo, de modo que cuando se trata de una imagen respetuosa con los derechos de los subordinados, estos pueden exigir su cumplimiento, convirtiéndose en una atadura para quien ejerce el poder.

Un segundo tipo de lenguaje político es el discurso oculto: «Fuera del escenario, donde los subordinados se reúnen lejos de la mirada intimidante del poder, es posible el surgimiento de una cultura política claramente disidente». La tercera dimensión política de los grupos subordinados es aquella que «se encuentra estratégicamente

---

[70]   Scott, *Los dominados y el arte de la resistencia*, 39-40.

entre los dos primeros. Se trata de una política de disfraz y del anonimato que se ejerce públicamente, pero que está hecha para contener un doble significado o para proteger la identidad de los actores. En esta definición caben perfectamente los rumores, los chismes los cuentos populares, los chistes, las canciones, los ritos, los códigos y los eufemismos: en fin, buena parte de la cultura popular de los grupos subordinados». Por último, señala Scott, «el acontecimiento político más explosivo es la ruptura del cordón *sanitaire* entre el discurso oculto y el público»[71].

Así, la actuación de los sectores populares, según sea el contexto y la posibilidad, varía desde la pública aceptación de la subordinación a su público rechazo y, entremedio, se desarrollan oculta, lenta y constantemente los elementos que se van a evidenciar en el momento de la transgresión abierta.

La lectura del discurso oculto

Sin duda, la principal dificultad con la que nos encontramos al intentar conocer e interpretar el discurso oculto elaborado por los sujetos populares durante el siglo xix son las fuentes. Las huellas del pasado que nos acercan a este mundo son aquellas en que es evidente la mediatización del poder.

No existen testimonios directos de los subordinados, lo que nos dificulta la lectura de sus propias intenciones en las relaciones con el poder. Respecto a esto, «lo más probable es que cualquier análisis basado exclusivamente en el discurso público llegue a la conclusión de que los grupos subordinados aceptan los términos de su subordinación y de que participan voluntariamente, y hasta con entusiasmo, en esa subordinación»[72].

Los testimonios no nos hablan de resistencia, oposición o construcción de una cultura propia y, por ejemplo, los acusados niegan frente al juez las acciones o las atribuyen a la necesidad, la casualidad, el embaucamiento o la borrachera, intentando convencer a la autoridad del respeto que les profesan a las normas o, por lo menos, la poca intención que tienen de transgredirlas.

Al revisar los archivos judiciales en busca de algo que nos hable de los sujetos populares, nos encontramos con que en realidad aquí solo están graficados casos particulares: los sujetos que delinquen o que son víctimas de dicha acción. En definitiva, a lo que tenemos acceso es al mundo del delito que nos llega a través de las visiones y construcciones que hace sobre él la clase dominante[73].

---

71   Ibíd., 44, 45 y 46.

72   Ibíd., 27.

73   Doris Moreno y José Luis Bertrán, «Justicia criminal y criminalidad en la Cataluña moderna», en Carlos Barros (ed.), *Retorno del sujeto*, vol. 2, 103-115.

Sin embargo, esta representación parcial y mediatizada no invalida los archivos judiciales como modo de acercamiento al discurso oculto, pero sí nos exige un grado mayor de interpretación, pues un análisis cuantitativo de las trasgresiones o la simple descripción que de los hechos hacen los acusados y testigos pueden llevarnos a conclusiones parciales o erróneas. Respecto a los casos presentados por los archivos criminales «como descripciones que son, resulta evidente su unilateralidad, el monopolio de una sola voz, de una sola mirada que, sin posibilidades inmediatas de confrontación, define un cuadro general de lo ocurrido y a veces, casi con respeto, insinúa causales, culpables, motivaciones que las huellas fácticas del crimen dejan adivinar»[74].

¿Por qué utilizarlas entonces? Primero, porque son unas de las pocas fuentes que, con todos los problemas que puedan presentar, nos acercan a la vida de los que no dejan registros directos. Los explotados y excluidos no tienen representación directa y deben hablar a través de otros: el poder que los juzga. En este sentido, conocemos a los sujetos populares a través de su transgresión y la representación que de esta hace el poder. Pero, además, estas fuentes nos permiten analizar cuantitativamente y cualitativamente el mundo popular, así como conocer los valores sociales y morales desplegados en unas formas de pensar, sentir y actuar. Esto nos permite saber hasta qué punto se ha producido la interiorización de las disposiciones culturales, el rechazo de las mismas y los procesos de marginación[75].

De la misma manera, a través del análisis de dichas fuentes es posible levantar tipologías que describan a los sujetos que delinquen y establecer si hay una relación entre edad, sexo, ocupación y los delitos que cometen, así como interpretar sus motivaciones a partir de la identificación de sus víctimas. Es posible además, definir las formas que adquiere el delito, las armas usadas, los grados de violencia con los que se actúa y si los sujetos son primerizos o reincidentes.

Asimismo, al analizar las penas es posible interpretar la consideración social del delito y la relación entre delito y legislación penal; por otro lado, las alegaciones de víctimas y victimarios permiten conocer los requisitos que deben reunir las personas a objeto de disponer de una buena consideración social, además de la influencia que tienen en la sociedad aspectos como la mala fama, ciertos oficios, el género de un enjuiciado, su procedencia, entre otros.

Las declaraciones que contienen los archivos judiciales nos presentan un relato articulado desde el poder que es necesario cuestionar aplicando matrices

---

[74]   Marcos Fernández Labbé, «La explicación y sus fantasmas. Representaciones del delito y de la eximición de responsabilidad penal en el Chile del siglo XIX», *Revista de Historia Social y de las Mentalidades. Violencia cotidiana y disciplinamiento social en Chile tradicional*, año 4 (2000): 105-130.

[75]   Iñaki Bazán, «La historia social de las mentalidades y la criminalidad», en Carlos Barros (ed.), *Retorno del sujeto*, vol. 2, 85-101.

interpretativas que permitan reconocer la realidad que circunda el hecho delictual, más allá de lo que exprese el acusado como motivación para delinquir. En definitiva, el historiador no debe buscar verdades o falsedades en los documentos judiciales, sino analizar los argumentos que se utilizan para persuadir al acusador de la inocencia del acusado o para juzgarlo. Una declaración siempre guarda relación con su contexto y es eso lo que hay que indagar[76].

En definitiva, no contando con representaciones directas de las acciones de transgresión de los sujetos populares, nos abocaremos a la labor de interpretar los documentos emanados del poder, intentando encontrar en ellos elementos suficientes para construir las lógicas de la violencia social popular.

Los capítulos que siguen pretenden aplicar los criterios, categorías y definiciones que hemos abordado hasta aquí, pero, para eso, es menester diferenciar las distintas expresiones que tuvo la violencia social popular en el ámbito rural. Hemos optado por distinguir tres de ellas: en primer lugar, estudiaremos la transgresión constante y cotidiana de los sectores populares, esa violencia contra la propiedad expresada principalmente en el hurto; segundo, ahondaremos en la violencia social de los bandoleros como expresión de la transgresión de oficio, para, finalmente, caracterizar y analizar las acciones de violencia popular vinculadas a la contingencia política.

---

[76]   María Celina Tuozzo, «Apuntes metodológicos: el problema de la verosimilitud en el estudio de los sumarios criminales», *Actas Americanas*, 4 (1996): 5-17.

El siglo xix se presenta en nuestro país como un periodo de transformación política, económica y social. La implementación de la institucionalidad republicana, los procesos tendientes a la integración de la economía al mundo, los paradigmas de civilización y progreso, y las transformaciones ocurridas en el componente social caracterizan el periodo.

En la segunda mitad del siglo, las condiciones antes descritas se acentúan y los procesos de transición hacia una sociedad moderna adquieren consistencia. Esto se expresa en transformaciones como la incorporación del ferrocarril, la creación del Código Civil y la implementación de formas de explotación de la mano de obra bajo criterios capitalistas.

Como consecuencia de estas transformaciones estructurales, podemos señalar que también se desarrolla un proceso de transición identitaria, donde los sujetos populares mutan sus conductas guiados, fundamentalmente, por el proceso de construcción nacional y proletarización. De esta manera, la identidad campesina y local dará paso a la identidad nacional y proletaria. Pero se trata de un proceso lento, con múltiples contradicciones, donde, al igual que en la estructuras, las transformaciones se mueven en un mar de continuidades. Elementos fundamentales son la resistencia a la transformación y la construcción identitaria popular. En este proceso de redefinición estructural y social, las clases subordinadas mantienen una relación conflictuada con la institucionalidad, sus formas de explotación y sus códigos morales[77], que oscila siempre entre la subordinación ascética y la abierta transgresión[78].

Las transformaciones se desarrollan en todos los ámbitos y se debaten entre la tradición y la modernidad, generando tensiones en la estructura y en los sujetos sociales. A juicio del historiador Igor Goicovic, nuestro país experimenta estas transformaciones en cuatro ámbitos:

---

[77]   Goicovic, «Los escenarios de la violencia popular en la transición al capitalismo», 75-80.

[78]   Bengoa, *Historia social de la agricultura chilena*, tomo 1: *El poder y la subordinación*.

Cambios en la estructura económica, identificados por la consolidación del modo capitalista de producción en el sector minero, por una incipiente modernización del sector agrario y por una temprana irrupción del sector industrial. Cambios en la conformación de los sectores sociolaborales, los cuales se expresan, de manera especial, en la profundización y masificación del proceso de proletarización. Importantes readecuaciones en el sistema político y en las dinámicas de la lucha política y cambios no menores en las representaciones socio–culturales y en la resignificación de las identidades colectivas y de los sentidos de pertenencia[79].

En términos institucionales, asistimos a la consolidación de un aparato estatal de corte liberal que, obedeciendo a la contradicción que vive el país entre la tradición y la modernidad, ha estado administrado por un gobierno conservador, que ha generado las medidas represivas en términos políticos, morales y económicos para definir la institucionalidad y desarrollar el proyecto de clase.

Según las reflexiones de Ana María Stuven, la existencia de gobiernos y fuerzas conservadoras se da en un contexto de construcción de Estado eminentemente liberal[80]. Dentro de esta construcción y de una elite que en una definición amplia es liberal, se presentan fracturas y conflictos debido a la mantención de algunos resabios de la tradición, especialmente relacionados con el poder de la Iglesia y la concepción de los derechos civiles y ciudadanos. No se trata, por tanto, de un conservadurismo que aspire al antiguo régimen o que tenga un proyecto económico conservador, sino de una variante tradicionalista del liberalismo. Estas diferencias generan que el periodo que aborda esta investigación, contrariamente a lo que la historiografía tradicional señala, no sea un periodo de triunfante institucionalidad y paz, sino, más bien, un periodo donde la violencia está siempre presente y se expresa en todas las direcciones posibles, al interior de la elite, entre la elite y los sectores populares y entre los propios sectores populares.

La violencia entre los distintos componentes de la elite chilena decimonónica se expresa a través del desarrollo de una oposición política que lidera una serie de levantamientos y motines y el estallido de dos guerras civiles. Estas acciones provocan una fuerte reacción de los que administran el poder, quienes despliegan todo su aparato represivo para sofocar cualquier tipo de oposición. La represión desde el Estado se activa como una de las expresiones de violencia en contra de la violencia que se opone a la elite liberal.

---

[79]   Goicovic, «Los escenarios de la violencia popular en la transición al capitalismo», 76 y 77.

[80]   Ana María Stuven, *La seducción de un orden: Las elites y la construcción de Chile en las polémicas culturales y políticas del siglo XIX* (Santiago: Ediciones Universidad Católica de Chile, 2000).

Según Sergio Grez, frente a

> la imposibilidad absoluta de llegar al poder por vías legales, no le quedaba a la oposición sino el recurso de los motines, sublevaciones y guerras civiles. Pero los estados de sitio, la acción de los consejos de guerra permanentes, las leyes de imprenta y de juicios ejecutivos, y el conjunto de «facultades extraordinarias» con que los presidentes eran investidos por el Parlamento ante cualquier situación considerada peligrosa para la estabilidad del orden político y social, eran armas poderosísimas que permitían al grupo dominante afianzar su poder y reducir a la impotencia a los opositores[81].

Las guerras civiles ocurridas en 1851 y 1859 evidencian la pugna entre dos sectores de la elite que luchan por la administración del Estado, no así por su transformación. Liberales y conservadores se enfrentan a través de las armas en procesos que no pueden ser catalogados de revoluciones, ya que no ponían en cuestión las bases sobre las que se había construido el Estado, sino que la disputa se limitaba a determinar quién controlaba su administración. El carácter violento que adquieren los enfrentamientos entre la elite no es una excepción; es una constante durante el siglo XIX.

Como ya señalamos, en los veinte años que abarca el presente estudio asistimos a un cambio en la administración del poder, cambios en la estructura económica y transformaciones sociales que nos hablan de un encaminado ingreso al proceso de modernización capitalista. La disminución del poder que tiene la Iglesia para influir en los asuntos del Estado, el estímulo a la inversión, la migración extranjera, el desarrollo de líneas férreas y otras inversiones en infraestructura, sobre todo de vías de comunicación y transporte, nos hablan de un proyecto liberal manifiesto que se abre paso entre las estructuras tradicionales que aún permanecen en nuestro país.

Una de las manifestaciones del avance del liberalismo fue la promulgación del Código Civil en 1855 que, en términos prácticos, significaba la creación de un marco legal para regular las relaciones entre las personas. Ya no era la moral eclesiástica ni la tradición, era la ley la que se imponía como símbolo de la civilización. En relación con lo que este hito significa para las relaciones contractuales, Sergio Grez señala que «el código de Bello se hacía cargo de una relación contractual basada en el salario, reflejando en sus disposiciones la gran mutación que estaba llevando a la sociedad chilena a transitar desde un modo de producción, una cultura y un sistema de relaciones sociales de tipo colonial a uno de carácter decididamente capitalista»[82].

En términos económicos, algunas coyunturas permiten el estímulo a la producción, principalmente de trigo, cobre y carbón, lo que refuerza el proyecto elitista de insertar

---

[81]   Sergio Grez, *De la regeneración del pueblo a la huelga general. Génesis y evolución histórica del movimiento popular en Chile (1810–1890)* (Santiago: DIBAM, Colección Sociedad y Cultura, 1997), 223.

[82]   Ibíd., 143.

al país en la economía mundial como productor de materias primas[83]. Esto manifiesta, una vez más, las tensiones que existen entre la tradición y la modernidad, ya que la clase propietaria chilena responde a dicho estímulo presionando los factores productivos básicos, tierra y mano de obra, y no incorporando tecnología, con lo que da muestras de conservadurismo extremo y limitada capacidad empresarial y de innovación. En relación con la inversión, ocurre algo similar: la elite terrateniente solo invierte en la producción industrial a través de la especulación y no se involucra en el proceso mismo[84].

La fuente de innovación en Chile viene de los empresarios extranjeros, quienes comenzaron a copar los espacios que la clase empresarial chilena no ocupaba. Uno de ellos fue la «industria del carbón», levantada desde los años cuarenta y emplazada en Lota y Coronel, ciudades que no solo se convirtieron en espacios de producción minera, sino, además, en torno a sus instalaciones se desplegó toda una gama de producciones asociadas, como fundiciones, fábricas de ladrillo, baldosas y vidrio, además de maestranzas[85]. De ahí que se señale que la explotación del carbón permitió el primer emplazamiento industrial del país. La instalación de la fábrica de paños en Tomé y de molinos en la misma ciudad y en Talcahuano nos habla de un polo de desarrollo instalado en el sur de Chile que va a implicar la identificación de su elite con un proyecto, que no era regionalista ni federalista, pero que sí luchaba por que el gobierno central representara los intereses de toda la nación y no solo los de la elite santiaguina[86]. Este fue otro de los elementos que propiciaron el estallido de las guerras civiles de 1851 y 1859.

A nuestro juicio, las transformaciones económicas profundizan el proceso de conformación identitaria de los sectores populares. Si, hasta entonces, el elemento de identidad que los había convocado había sido lo que «no tenían» —propiedad y derechos—, la instalación y desarrollo de espacios de producción y, por ende, la concentración de peones, permitieron que a fines de siglo los sujetos populares se identificaran con lo que «eran». Los trabajadores enganchados y a veces mantenidos a la fuerza en los espacios laborales se debatían entre la subordinación y la huida[87]. Los procesos de disciplinamiento laboral comenzaron a producir profundos cambios

---

[83]   Gabriel Salazar y Julio Pinto, *Historia contemporánea de Chile,* tomo iii (Santiago: LOM ediciones, 2002).

[84]   Luis Ortega, *Chile en ruta al capitalismo. Cambio, euforia y depresión. 1850-1880* (Santiago: LOM DIBAM, 2005).

[85]   Luis Ortega y Hernán Venegas, *Expansión productiva y desarrollo tecnológico en Chile: 1850-1932* (Santiago: Editorial Universidad de Santiago, 2005).

[86]   Salazar y Pinto, *Historia contemporánea de Chile,* tomo i (Santiago: LOM ediciones, 1999).

[87]   Pinto, *Trabajos y rebeldías en la pampa salitrera.*

en la identidad de los sujetos populares, quienes se resistieron tenazmente a la proletarización, desarrollando una gama de acciones de rechazo y violencia.

El proceso de proletarización fue dinámico y violento; se ejerció un importante control sobre la población y los patrones perfeccionaron y ampliaron los mecanismos para disciplinar y reprimir a los peones. Por otra parte, los grados de explotación y la negativa a aceptar las normas de la actividad laboral moderna determinaron que, durante la primera etapa de desarrollo del capitalismo, la acciones de rebeldía se desplegaran bajo cualquier pretexto, ya fuera el carnaval, los días de pago o las guerras interoligárquicas, donde los sujetos populares participaron activamente, no solo movilizados por la elite, sino dejando ver su propio resentimiento de clase[88].

A la acción violenta que significaba el disciplinamiento laboral se suma la acción represiva del Estado, que no solo se dirige hacia la transgresión explícita que implica el delito o la participación en procesos de corte político, sino también hacia cualquier forma de expresión cultural propia de los sectores populares, ya sean fiestas, amancebamiento o, en general, cualquier tipo de diversión y ocupación del espacio y del tiempo. La represión tenía entonces tres dimensiones: la económica, la política y la moral.

Las penas corporales se aplicaron sistemáticamente durante todo el siglo xix. Incluso, a mediados del siglo xx, la legislación chilena aún no había derogado la pena de azotes. A lo anterior, se sumaban otras formas de represión y abuso como los presidios ambulantes, el sistema de papeletas y los trabajos forzados destinados a aprovechar la fuerza de trabajo desperdiciada que significaban los presos. Así, entonces, la violencia se ejercía legalmente contra los sujetos populares.

El sujeto popular en el proceso de conformación de su identidad no solo dirige su violencia hacia el patrón y el Estado, sino que también la ejerce en las relaciones cotidianas que establece con sus pares. Si bien algunas conductas transgreden el orden impuesto y pueden ser vistas como un daño a la propiedad, la mayoría de ellas también violentan a los sujetos que comparten la misma condición social de quienes las protagonizan. Las acciones de violencia cotidiana, ya sean asaltos, riñas u otras, afectan principalmente a los sujetos más pobres de la sociedad chilena decimonónica. Especial mención merecen las acciones delictivas como el salteo, el robo, el hurto y el abigeato, ya que estas conductas —los ataques sin distinción de clases— son las que esgrimen los historiadores que niegan la existencia de un bandolerismo social en Chile y no aceptan que los levantamientos populares y la participación de los pobres en las guerras civiles de 1851 y 1859 hayan tenido un componente de lucha de clases, pues los reducen a la acción descontrolada de la masa frente al abuso.

---

[88]   María Angélica Illanes, *Chile Des-centrado. Formación sociocultural republicana y transición capitalista (1810-1910)* (Santiago: LOM ediciones, 2003).

La sociedad rural: tradición y modernidad

La elite chilena se constituyó y consolidó en relación con la posesión de la tierra; es esta condición la que marca el poder y la subordinación durante el siglo XIX; en torno a ella se desarrolla el poder económico y político de nuestro país[89].

La posesión de una gran propiedad agrícola es la forma que eligió la elite para enriquecerse y validarse socialmente. Por otra parte, utilizó la presión sobre la mano de obra y no la inversión para conseguir un mayor rendimiento productivo. En este sentido, la mentalidad tradicional, en términos empresariales, y aristocrática, en términos sociales, de la elite terrateniente chilena determinó la extensión del latifundio, minando cualquier posibilidad de acceso a la tierra por parte de los sectores subordinados.

Independiente del crecimiento productivo que hayan tenido los otros sectores de la economía nacional, la agricultura seguía teniendo la mayor importancia para la elite chilena. En 1856, Benjamín Vicuña Mackenna escribía en el boletín de la Sociedad Nacional de Agricultura:

> No hay un solo interés privado o público en este país que no esté basado sobre la agricultura. Tres son los grandes círculos de acción para el trabajo i los capitales entre nosotros, a saber: el comercio, la minería i la labranza, pero los dos primeros no solo se derivan inmediatamente de la última, sino que constituyen en cuanto a las personas un limitado gremio de casas extranjeras respecto del primero i de ciertas familias con relación a la industria minera[90].

La Sociedad Nacional de Agricultura, fundada en 1838, funcionó efectivamente hasta 1848. Luego de eso adquiere nuevos aires con Vicuña Mackenna quien asume su presidencia en 1856. Esta institución no solo constituía una asociación gremial, sino que era en la práctica la asociación de la elite y, por lo tanto, el poder detrás del Estado. Ministros, parlamentarios y presidentes eran miembros de este selecto grupo, desde el cual se impulsaron medidas como la eliminación del impuesto agropecuario —que era muy bajo en comparación con el impuesto minero— a comienzos de los años cuarenta y la creación de la Caja de Crédito Hipotecario de Chile, institución que tenía como misión contribuir con capitales que estimularan la producción agrícola[91].

Pero el campo chileno no solo era el lugar de enriquecimiento y prestigio de la elite, también constituía el espacio donde se asentaba la mayoría de la población chilena;

---

[89] Bengoa, *Historia social de la agricultura chilena*, tomo 1: *El poder y la subordinación*.

[90] Boletín de la Sociedad Nacional de Agricultura, 1856.

[91] Para un análisis pormenorizado de la Sociedad Nacional de Agricultura (SNA) véanse los trabajos de Claudio Robles, «Modernización agraria en Chile del siglo XIX. Los hacendados "progresistas" y la Sociedad Nacional de Agricultura de 1869», en http://www.bbk.ac.uk/ibamuseum/texts/Robles01. htm, y «Controlando la mano invisible: la sociedad nacional de agricultura y el mercado de maquinaria agrícola (1889-1922)», *HISTORIA* 42, 1 (2009): 203-233

los pobres del campo nada tenían que ver con estas asociaciones, impulsos productivos o influencias políticas.

Para Gabriel Salazar, la historia rural chilena es la historia de la frustración de la *empresarialidad* campesina popular, que se habría materializado en la imposibilidad de los sectores populares rurales de acceder a la propiedad y producción de la tierra, teniendo que conformarse con engordar las filas del inquilinaje o el proletariado campesino[92].

Este proceso comienza a desarrollarse desde el siglo XVIII con el avance de la gran propiedad rural y la opción de los grandes propietarios por satisfacer un mercado en extensión, a través de la absorción de la producción de los pequeños y medianos propietarios y su conversión en campesinos semidependientes y, en definitiva, en mano de obra cautiva[93]. Por otro lado, el gran propietario también echaba mano del trabajo del peón libre, que satisfacía la necesidad de mano de obra en los periodos de mayor trabajo, convirtiéndolo en un trabajador estacionario.

La conversión del pequeño propietario en inquilino es descrita ampliamente por José Bengoa. Según este autor, los hacendados aceptaron el arriendo en la hacienda, entregándoles a los inquilinos «un pedazo de tierra para que sembraran y tuvieran animales. En retribución, el arrendatario debía pagar un canon de arriendo y realizar ciertas faenas convenidas, ligadas principalmente a la ganadería. El arrendatario del siglo XVIII no estaba sujeto a trabajo permanente en la hacienda, solo trabajaba en las faenas más importantes como el rodeo anual de animales»[94]. El inquilinaje no nació, según Bengoa, como un sistema de mano de obra sujeta a la tierra, pero las crisis de la producción agrícola determinaron que, cuando no existían beneficios productivos suficientes para pagar el canon de arriendo, los pequeños propietarios comenzaran a pagar con trabajo o con sus tierras, convirtiéndose así en trabajadores permanentes y sujetos al patrón, mano de obra peonal estacionaria en el mismo campo o inmigrantes en la ciudad o los centros mineros.

Los procesos de expansión y contracción de la producción agrícola están acompañados de esfuerzos por retener y asentar a la mano de obra o, en su defecto, expulsarla de la gran propiedad. A nuestro juicio, este elemento es fundamental para entender los cambios en la identidad de los sujetos y en las conductas que van adquiriendo. Los pequeños propietarios se convierten en inquilinos, primero en el siglo XVIII, durante el ciclo triguero exportador al Perú y, luego, durante el siglo XIX,

---

[92]   Gabriel Salazar, *Labradores, peones y proletarios. Formación y crisis de la sociedad popular Chilena del siglo XIX* (Santiago: SUR, 1985).

[93]   Juan Cáceres, *Poder rural y estructura social, Colchagua, 1760-1860* (Valparaíso: Pontificia Universidad Católica de Valparaíso, 2007).

[94]   Bengoa, *Historia social de la agricultura chilena*, tomo 1: *El poder y la subordinación*.

en el contexto del alza de demanda triguera ocasionada por el descubrimiento de oro en Australia y California.

La indisciplina de los peones libres llevó a los grandes productores a desarrollar estrategias para contar con una mano de obra fiel y disciplinada, intentando aumentar la cantidad de inquilinos y también la relación dependiente de los pequeños propietarios a través de la compra en verde de sus cosechas. Pero en periodos de alta demanda debían recurrir a la mano de obra libre, lo que ocasionaba algunos problemas, debidos principalmente al poco interés que demostraban estos sujetos por cumplir con un régimen de trabajo con ciertas normas. Según Claudio Gay:

> La mayor parte de ellos lleva una vida enteramente nómada, quedándose rara vez en el mismo lugar, y pasando sin inquietud alguna, de una a otra provincia, como si el movimiento y el cambio fueran su única necesidad.

> Con esta visa aventurera el peón se queda siempre en la necesidad y vive con frecuencia de privaciones cuando el trabajo llega a faltarle. Es en un estado de permanente miseria que, en definitiva, debe ser compatible con su carácter puesto que la causa debe atribuírsele a sí propio. No tiene noción alguna de orden ni de economía social, incapaz de apreciar el valor del tiempo, su pereza y su indolencia son harto mayores todavía que las del inquilino. Jugador hasta el extremo, se le ve con frecuencia días enteros jugando al naipe. Y todos los vicios de la holgazanería forman el fondo de su educación[95].

El proceso de proletarización fue resistido por parte de los sectores populares del campo, unos por su propia aspiración de ser propietarios, los otros por sus características de inestabilidad, movilidad y rechazo al disciplinamiento. Esto ocasionó que hubiese poca disponibilidad de mano de obra no solo para el agro, sino para cualquier labor productiva que se quisiera realizar.

Esto obligó a las autoridades políticas a tomar distintas medidas para palear la situación, algo que podemos graficar a través de un oficio enviado desde el Gobierno Departamental de Constitución al intendente del Maule:

> El interés que tengo por la felicidad de este departamento, lo próximo que se encuentran ya los trabajos relativos a la compostura de la barra, i el temor de que con este objeto se carezca en los demás puntos de la provincia de los brazos útiles para la agricultura me estimulan a solicitar del Supremo Gobierno por el honorable órgano de VS, la creación de un presidio general en este puerto al cual se remitan los reos condenados por mas de seis meses en esta provincia y en la de Talca.

---

[95] Claudio Gay, *Agricultura chilena*, ICIRA, *Santiago 1973*, tomo I, 198-199, citado en Cáceres, *Poder rural y estructura social, Colchagua, 1760-1860*.

Previendo los trabajos de construcción del nuevo puerto en Constitución, el oficio indica además:

Una vez iniciados dichos trabajos habrá necesidad, por lo menos de trescientos o cuatrocientos operarios y como no pueden ser habidos aquí sea preciso traerlos de fuera, separándolos de las faenas agrícolas i causando de este modo un mal de consideración a los agricultores en la época en que estos necesitan mas de la cooperación de aquellos. A las precedentes ventajas debo agregar la economía que resultaría al tesoro publico por el sabido salario que se les paga aquí a los peones, i porque extrayéndolos de las cárceles un considerable número de criminales estaría mejor desempeñando el servicio de ellas, no habría necesidad de aumentar la guardias, la acción de los juzgados no se entorpecería con la multitud de querellas, causas por quebrantamiento de condena i por otro inconvenientes que será largo enumerar. Esta municipalidad y varios vecinos, estimulados por iguales motivos que yo se hallan dispuestos a contribuir por su parte a la realización de este proyecto con las sumas que puedan. Aquella ofrece además ceder el local para la construcción de la cárcel y costear la manutención de los presos[96].

En la segunda mitad del siglo xix, el campo chileno sufre transformaciones importantes relacionadas con la expansión productiva derivada del ciclo triguero. El estímulo que significa la expansión de la demanda, producto de la apertura de los mercados de Australia y California, va a generar una vez más una presión sobre la mano de obra y la tierra, lo que implica un alza en el reclutamiento para las labores agrícolas, incorporación de medieros a las grandes haciendas, avances sobre terrenos baldíos o pueblos indígenas, entre otras prácticas.

Comienza así la transición capitalista del sistema de hacienda, que presenta la contradicción de incorporar algunas innovaciones que tienen que convivir con elementos tradicionales. Si bien la utilización de mano de obra asalariada estaba masificándose, «en su fase temprana la expansión de la empresa terrateniente no eliminó la empresa campesina interna, pues los terratenientes usaron el inquilinaje y la mediería para aumentar la superficie cultivada»[97]. Una de las formas utilizadas para aumentar la producción fue la expansión de la propiedad hacia superficies marginales que debían ser preparadas para el cultivo, la nivelación, limpieza y riego se realizarían a través de la asignación de dichas tierras a inquilinos y medieros. De esta manera, los terratenientes ahorraban en salarios y equipos y se beneficiaban del trabajo de la mano de obra estable sin requerir siquiera supervisión.

La empresa campesina, no obstante, no tendría una subsistencia muy larga. En la medida en que la tierra aumentaba su valor y la mano de obra era más barata, la

---

[96]   Archivo Nacional. Archivo Intendencia del Maule, vol. 96, 1854.

[97]   Claudio Robles Ortiz, «Expansión y transformación de la agricultura en una economía exportadora. La transición al capitalismo agrario en Chile (1850-1930)». *Revista Historia Agraria*, 29 de abril, 2003. http://www.historiaagraria.com/nosotros.php

asignación de terrenos en mediería o en inquilinaje se hacía menos conveniente para los terratenientes, de modo que la asignación de tierra a inquilinos se hizo cada vez más restringida y la asignación de medierías se limitó a tierras muy marginales[98].

El impulso desde el exterior a la producción agrícola también va a durar poco. 1848 fue el año de la máxima exportación a California; 1854 a Australia, y, para 1861, la demanda había bajado considerablemente, lo mismo que los precios. Hubo un pequeño aumento de las exportaciones en 1864 producto de una mala cosecha en California, pero, en definitiva, para 1875 el gran ciclo triguero ya había terminado; después de eso, se seguía exportando, aunque en mucho menor volumen, a Inglaterra[99].

La tecnificación de los campos no fue la opción preferencial de los terratenientes chilenos. Quienes optaron por algún grado de desarrollo industrial en este contexto fueron los empresarios extranjeros, que invirtieron capitales en la molinería principalmente[100]. Estas instalaciones lograron vincular la producción agrícola con el desarrollo industrial y, para su funcionamiento, se trajeron algunos técnicos extranjeros. No obstante, la tecnología que utilizaron quedó rápidamente obsoleta en relación con los avances que experimentaba la industria en países como Inglaterra o Estados Unidos[101].

La incorporación de maquinaria en Chile fue selectiva, pues fueron algunos agricultores progresistas los que incorporaron trilladoras, segadoras, locomóviles e, incluso, aunque en menor medida, el uso de fertilizantes. La mecanización, según Robles[102], se intensificó desde 1860 con la expansión del sistema de hacienda, que generó como correlato la expulsión de la mano de obra que migró a otros espacios. La falta de brazos hizo que los salarios se elevaran, frente a lo cual los empresarios más modernos incentivaron la compra de maquinarias en el sector[103].

La hacienda chilena tampoco optó por la especialización. Según Luis Ortega, las grandes propiedades combinaban la siembra de cereales con empastadas de alfalfa, que servían tanto para enfarda y veta como para alimentar al ganado del predio. Era la típica hacienda multicultivo, esto es, un espacio en que se producía «de todo un poco»[104].

---

[98]   Ibíd., 61.

[99]   Arnold Bauer, *La sociedad rural chilena desde la conquista española hasta nuestros días* (Santiago: Editorial Andrés Bello, 1975), 89.

[100]   Leonardo Mazzei, «Orígenes del empresariado moderno en la región de Concepción (1820-1860)», *Proposiciones*, núm. 24 (1994).

[101]   Ortega, *Chile en ruta al capitalismo. Cambio, euforia y depresión. 1850-1880*.

[102]   Robles, «Expansión y transformación de la agricultura en una economía exportadora. La transición al capitalismo agrario en Chile (1850-1930)», 52 y 53.

[103]   Ibíd.

[104]   Ortega, *Chile en ruta al capitalismo. Cambio, euforia y depresión. 1850-1880*, 176.

Respecto a la propiedad de la tierra, este periodo refuerza la tradición latifundista. La incorporación al mercado mundial no significó una transformación en la propiedad; lejos de esto, proporcionó el contexto para despojar de sus tierras a los pequeños productores que, a través del sistema de venta en verde, se endeudaban en periodos de malas cosechas y debían pagar con sus propias tierras, aumentando la gran propiedad de unos pocos[105]. En el sur, hacia 1860, a la oleada de campesinos informales que habían emigrado hacia tierras fronterizas para acceder a la propiedad, se suma el incentivo del Estado para poblar dichos espacios. El interés creciente por tierras y las prácticas especulativas de la elite elevaron su precio, lo que para el Estado, que las remataba resultaba altamente beneficioso, no así para los pequeños inversionistas que perdían la posibilidad de convertirse en productores[106].

Las transformaciones ocurridas en el campo chileno en el periodo 1850-1870 no solo responden a la coyuntura, sino que tienen que ver con el proceso del capitalismo latinoamericano, que significa la incorporación de medidas de carácter liberal que afectan a la estructura continental en su conjunto. Respecto a estos cambios, Igor Goicovic señala que

> La envergadura y profundidad de estos cambios es desigual; y ello, a su vez, da cuenta de diferentes ritmos históricos. Tienden a acelerarse en el ámbito urbano y minero y a ser más lentos en los distritos rurales; afectan de manera más radical a las clases subalternas que a las élites de poder; desmontan la institucionalidad política de forma más expeditiva que la base económica; y se expresan más claramente en las formas externas de la cultura que en sus contenidos[107].

Si bien la industrialización no caló hondo en este sector y, por lo tanto, no podemos hablar de una tecnologización extensiva de la producción, sí ocurrieron transformaciones importantes que afectaron las características culturales de los peones del campo. Los procesos de reclutamiento de mano de obra, de expulsión de la hacienda, de endeudamiento con el patrón, generan desde el siglo XVIII conductas de desarraigo y violencia entre los campesinos pobres, que comienzan a enfrentarse de distintas maneras con la institucionalidad y la disciplina que se intenta imponer. La respuesta peonal a la modernidad fue la transgresión de la moral, la institucionalidad y la propiedad, a través del robo, la fiesta, la huida, la borrachera y la participación en montoneras en el contexto de las guerras civiles de 1851 y 1859. Estas expresiones de violencia y descontento tienen su raíz en la sociedad en tránsito y en el tránsito también de su identidad.

---

[105]   Mazzei, «Orígenes del empresariado moderno en la región de Concepción (1820-1860)».

[106]   Robles, «Expansión y transformación de la agricultura en una economía exportadora. La transición al capitalismo agrario en Chile (1850-1930)», 48.

[107]   Goicovic, «Los escenarios de la violencia popular en la transición al capitalismo», 77.

Los sujetos

El espacio agrícola chileno estaba constituido por diversos sujetos que interactuaban y le daban forma. De estos, tres son relevantes para el presente estudio: los terratenientes, los pequeños propietarios y los peones agrícolas.

Los terratenientes en Chile no tenían las características de riesgo e innovación que posee la clase burguesa[108]. Contrariamente, fueron manteniendo elementos tradicionales que los vinculaban más con el pasado que con el futuro. Era parte de la cultura aristócrata de la elite chilena validarse socialmente a través de la posesión de la tierra y no verla principalmente como un negocio sobre el cual había que rentabilizar. Vinculado al negocio de la tierra estaba la concepción de que esta servía como un vehículo para adquirir posición social y política, algo que no se limitaba a la elite, ya que, en la práctica, la administración del Estado estaba en manos de los grandes terratenientes. Estas conductas estaban tan extendidas y arraigadas en la elite chilena que incluso lograron convencer a empresarios extranjeros, que, adoptando los usos locales, adquirieron también grandes extensiones de terrenos, vinculándose así a las lógicas de la vida social y política del país[109].

Respecto a la importancia política de este sector social, Bengoa señala que

> no es demasiado aventurado imaginar que siendo Chile un país fuertemente rural, siendo su clase alta de base agraria, la gestión del estado la hiciera la familia terrateniente. Efectivamente, la clase alta chilena desde un inicio asumió las riendas del aparato estatal, mientras otros sectores importantes, como los mineros del norte chico, ocuparon posiciones menos destacadas. Además, una de las consecuencias de la revolución de 1829 fue impedir a los caudillos militares actuar por sí solos en política; en los hechos, el único grupo corporativo en plantear la disputa por el poder del estado, era el de los agricultores terratenientes[110].

Es así como poder y tierras son dos conceptos imposibles de disociar durante el siglo XIX.

En relación con sus características como elite económica, los grandes propietarios han sido caracterizados por la historiografía chilena como un sector que no se concentró en hacer rendir al máximo el recurso tierra y que incorporaba trabajadores permanentes a la hacienda guiado, más que por un criterio económico, por el deseo de tener reconocimiento social. La poca capacidad empresarial de los hacendados chilenos deriva también de la diversificación y el tipo de inversiones. Sus haciendas

---

[108]   Salazar y Pinto, *Historia contemporánea de la historia de Chile*, tomo III, 68.

[109]   Bengoa, *Historia social de la agricultura chilena*, tomo 1: *El poder y la subordinación*.

[110]   Ibíd., 95.

se dedicaban a todo un poco, incluso en los periodos de auge cerealero[111], y, como consecuencia, no solo tenían una baja posibilidad de especialización, sino también un magro rendimiento.

Lo primero tiene que ver con que, buscando enriquecerse, los terratenientes practicaron la diversificación de sus inversiones, involucrándose en negocios como la molinería, la minería e, incluso, la industria. Sin embargo, el rasgo conservador de su inversión estaba en que invertía recursos en la habilitación o la compra de bonos de participación en sociedades anónimas y no en la producción. Por tanto, la elite tradicional chilena no estuvo dispuesta a asumir el riesgo que implicaban las nuevas áreas de la producción y, así, cuando el negocio no rendía, simplemente cobraban o retiraban su inversión.

El crédito también fue una forma de inversión; de él se valían pequeños y medianos propietarios que hipotecaban sus terrenos para obtener recursos y comprar semillas u otros menesteres propios de las tareas agrícolas. Los negativos resultados de la cosecha muchas veces no les permitían pagar sus obligaciones crediticias, y las tierras hipotecadas hacían que los prestamistas acrecentaran cada vez más su propiedad[112].

Pese a estas características de apego a la tradición, la modernización del campo chileno estuvo dada por la incorporación de mano de obra asalariada de manera cada vez más extendida, que, si bien generaba algunos problemas en periodos de cosecha debido a la disminución de la oferta, de todas maneras resultaba más rentable que la asignación de tierras que cada vez adquirían más valor.

Otro elemento importante de la elite terrateniente era su afán por el gasto y la ostentación; de eso dan cuenta la construcción de mansiones, principalmente en las ciudades de Santiago y Concepción, que, aparte de evidenciar el gusto por el lujo, nos habla del interés de las elites locales por seguir los patrones del centralismo y, a diferencia de otras elites latinoamericanas, su poca disposición para levantar espacios locales de poder.

La pequeña y mediana propiedad no fue muy extendida en Chile, sobre todo en el valle central. Su conversión en medieros determinó que en la mayoría de los casos terminaran alimentando a las grandes propiedades debido a las deudas contraídas con los grandes terratenientes que, como señalamos, en algún momento se hacían imposibles de pagar. Así, por ejemplo, los pequeños y medianos productores en el periodo del auge cerealero transaban sus productos a través de los grandes hacendados, quienes de esta forma satisfacían el mercado. El capital, siempre escaso, era conseguido por medio de préstamos, hipotecando la propiedad o mediante la venta de la cosecha

---

[111]   Bengoa, *Historia social de la agricultura chilena*, tomo 1: *El poder y la subordinación*.

[112]   Cáceres, *Poder rural y estructura social, Colchagua, 1760-1860*, 79.

en verde, lo que en muchos casos significaba la pérdida de las tierras en periodos de sequía o heladas, cuando la producción comprometida se perdía.

La pequeña propiedad existente en la zona central dependía de la gran hacienda, aunque se definiera como un espacio de producción diferenciado. La imposibilidad de la vinculación directa con el mercado determinaba que simplemente actuara como parte del latifundio. Sin embargo, es necesario diferenciar la situación de Chile central con espacios como Chillán, donde la pequeña propiedad tuvo una existencia independiente y paralela a la gran hacienda[113]. Esta condición cambiaría hacia mediados del siglo XIX, cuando los pequeños propietarios vendieron sus tierras a los hacendados para comprar terrenos en la Araucanía a precios mucho más convenientes. En general, los pequeños propietarios tenían pocas posibilidades de generar enriquecimiento y, más bien, los productores de poca monta vivían al borde de la subsistencia y el endeudamiento.

Por otra parte, los peones, como los describía Gay, fueron sujetos difíciles de disciplinar; a ellos no se los puede asociar con una cultura campesina propiamente tal, pues, aunque, como la mayoría de la población, vivían en el campo, no necesariamente realizaban labores de labranza. El desarrollo en infraestructura y comunicaciones implementado desde mediados del siglo XIX permitió que una gran cantidad de estos peones se ocupara en labores como la construcción de caminos o líneas férreas. La movilidad espacial y ocupacional fue una de sus principales características y también la precariedad de su subsistencia.

Bauer considera que el excedente de mano de obra fue una de las causas de los bajos salarios y miserables condiciones de vida. Según sus estadísticas, en el campo chileno habrían habido, hacia 1875, catorce habitantes por kilómetro cuadrado, mientras que, para la zona cerealera estos habrían llegado a trescientos. A juicio del autor, este excedente incluso les habría permitido a los hacendados ocupar mano de obra volante ofreciendo únicamente mingaco; al parecer, una buena comida y borrachera eran suficientes para atraer a los trabajadores[114].

Sin embargo, la disciplina de las labores de corte capitalista no era un incentivo para el trabajo, sino un aliciente para la huida. Es por eso que los terratenientes a menudo se estaban quejando de la falta de brazos para las faenas. A criterio de Bauer, tal falta no era real, y el problema para la elite era que, frente a una urgencia de trabajadores, debía pagar salarios más altos para atraerlos. Una situación crítica parece haber ocurrido entre los años 1868 y 1872: cuando Meiggs inició la construcción del ferrocarril al Perú, la migración de peones al norte habría ocasionado una batahola entre la elite

---

[113]   Bengoa, *Historia social de la agricultura chilena*, tomo 1: *El poder y la subordinación*.

[114]   Bauer, *La sociedad rural chilena desde la conquista española hasta nuestros días*, 176 y 177.

terrateniente chilena, que veía con horror el éxodo de trabajadores y lo que significaba en inversión retenerlos[115].

El peón era la base misma de la pirámide social. Heredero del mestizo, nace del rechazo de la sociedad indígena y de la blanca, su origen mismo es violento, no tiene lugar, no tiene tradición que reivindicar. La mayoría es parte de esos vagamundos mal entretenidos, caracterizados así no solo por la visión inquisidora y moralizante de la elite decimonónica, sino también por nuestra historiografía social[116].

El peonaje lo constituían aquellos que habían sido despojados de sus tierras en los procesos de expansión y contracción del mercado externo. También provenían de los excedentes de mano de obra del inquilinaje, pues a menudo eran hijos de los inquilinos que ya no encontraban sitio en la propia hacienda. Gabriel Salazar los ha descrito como carentes de hambre por la tierra y sin un proyecto colonizador[117] y, coincidiendo con esta definición, podemos explicar por qué los movimientos populares de rechazo a la proletarización y a la dominación cultural desde la elite no reivindicaron la tradición, por qué dicha tradición no existía para ellos. Lejos están de los campesinos descritos por Hobsbawm, que atacaban máquinas y todo lo que representara un peligro para el sitial ocupado por ellos dentro de un orden que se derrumbaba. Los peones chilenos nunca tuvieron un sitial en ningún orden; lo construirían de ahí en adelante en este nuevo escenario donde comenzarían a reconocerse como sujetos.

Las transformaciones en las estructuras política y económica no se originan en el periodo que abarca el presente estudio, sino que tienen una larga data. Ya en el siglo XVIII, los cambios derivados de las reformas borbónicas generan un tránsito hacia la sociedad moderna, lo mismo que la expansión del mercado triguero que estimula la producción. Estos cambios desarrollados en la estructura también afectan a los componentes sociales, las elites definen su proyecto económico y de dominación, y los grupos intermedios como los pequeños propietarios y artesanos sufren un proceso de descomposición, pasando a nutrir al grupo más desposeído de la estructura social, el peonaje.

A mediados del siglo XIX, todas estas transformaciones iniciadas una centuria antes comienzan a definirse y profundizarse, y creemos que en este contexto el peonaje agrícola comienza a desarrollar conductas que implican la construcción de una identidad propia, una transgresión que va más allá de la subsistencia y que, más bien,

---

[115]   Ibíd., 179.

[116]   La caracterización de las conductas transgresoras irrespetuosas de la norma social elitista ha sido desarrollada por historiadores sociales como Julio Pinto, Alejandra Araya, Sergio Grez y Gabriel Salazar, por nombrar algunos.

[117]   Salazar, *Labradores, peones y proletarios. Formación y crisis de la sociedad popular Chilena del siglo XIX*, 151.

es parte de la generación de los códigos que conforman su discurso oculto, construido en contraposición a la exclusión política, la explotación laboral y la represión moral.

En este contexto, es posible preguntarse si la violencia popular expresada en el campo sigue teniendo las mismas motivaciones y características que tenía en el periodo colonial y en los inicios de la república. Aunque podemos señalar que el espacio rural mantuvo muchas características de la tradicional forma de explotación, es imposible afirmar que las relaciones laborales y sociales no cambiaron, y esto, sin duda, influyó en las identidades populares.

La contradicción, la continuidad y el cambio también se expresan en las conductas de los sujetos. El bandolerismo es una de estas conductas continuas: la transgresión violenta del orden impuesto es una práctica desarrollada por los sectores populares rurales desde el periodo colonial y, lejos de disminuir, aumenta durante el proceso de independencia, los primeros años de la república y, posteriormente, en el proceso de configuración capitalista chileno. No obstante, no es una práctica que tenga motivaciones únicas; la rebeldía frente al poder, la venganza, la huida ante las levas forzosas o la mera subsistencia son estímulos para la acción transgresora, que puede tener al menos tres manifestaciones: la simple criminalidad, el bandolerismo y las guerrillas montoneras. Todas ellas, eso sí, son expresiones del descontento que experimentan los sectores populares frente a la marginación, la explotación y el control social.

Capítulo III

La cotidianidad del delito.
Delincuentes ocasionales en el espacio rural chileno

Como hemos señalado en varias ocasiones en el presente estudio, las acciones de violencia social popular adquieren distintas expresiones de acuerdo al contexto y al espacio en el cual se desarrollan[118]. En el espacio rural, cuando hablamos de delito contra la propiedad, estamos hablando de acciones particulares como el abigeato, el aparaguayamiento y el salteo. Son las condiciones del espacio las que otorgan facilidades para el cometimiento de las acciones transgresoras particulares del mundo campesino. Ejemplo de esto es el delito que se perpetra en los caminos rurales, donde la soledad y la poca luz permiten que se conviertan en el lugar de la violencia en el mundo rural[119].

No obstante, pese a que podemos relacionar el espacio rural con ciertos delitos específicos, no todos quienes incurren en acciones reñidas con la ley son delincuentes habituales y, aunque comúnmente se asocia la transgresión y violencia en este espacio al bandolerismo, en el presente trabajo haremos la distinción entre quienes tienen como actividad constante y permanente el salteo de caminos o el robo de animales y quienes, teniendo oficio permanente o esporádico, delinquen eventualmente[120].

Aquí estamos identificando un problema. La denominación de bandolerismo se aplica indistintamente a todo aquel que comete actos delictuales en el campo. Esto quiere decir que algunos de los estudios sobre bandolerismo, al referirse a esta categoría, incluyen a quienes solo ocasionalmente incurren en delitos característicos de

---

[118] Para el fenómeno de la delincuencia urbana véase Juan Cáceres, «Crecimiento económico, delitos y delincuentes en una sociedad en transformación: Santiago en la segunda mitad del siglo xix», *Revista de Historia Social y de las Mentalidades. Violencia cotidiana y disciplinamiento social en Chile tradicional*, año 4 (2000): 87-103.

[119] Ángel Rodríguez, «La historia de la violencia: espacios y formas en los siglos xvi y xvii», en Carlos Barros (ed.), *Retorno del sujeto*, vol. 2.

[120] Si bien no es común esta distinción y los estudios sobre bandolerismo tienden a aplicar dicha categoría a todos las acciones de violencia social, existe ya un estudio basado en esta diferenciación. Nos referimos a Abel Cortez, «Delincuencia, redes sociales y espacios en la vida cotidiana rural de Chile central. Valle de Aconcagua, 1820-1850» (tesina para optar al grado de licenciado en Historia, Universidad de Chile, 2004).

los bandoleros, lo que creemos desvirtúa el análisis y la interpretación que se pueden hacer respecto a esta manifestación de transgresión en el ámbito rural.

Enfatizamos esta situación sobre todo para discutir las categorías levantadas por Hobsbawm, pues en las declaraciones de los delincuentes esporádicos rara vez es posible encontrar las motivaciones o víctimas que acercan esta actividad al concepto de bandolero social.

Estamos planteando entonces que en el espacio rural chileno, si bien hay delitos que son catalogados como actos de bandolerismo, estos no siempre son cometidos por bandidos propiamente tales y, en lugar de esto, son perpetrados por sujetos del mundo popular que no caben dentro de la categoría de bandoleros porque no comparten la cultura delictual del bandido, aunque sí la actitud transgresora en contra de la institucionalidad y la moral de la elite.

La diferenciación entre el bandido y el delincuente ocasional no tiene que ver, necesariamente, con las motivaciones de su acción o el tipo de víctima de sus trasgresiones; tampoco con si tiene o no redes de apoyo o lealtad de la comunidad. Tiene que ver más bien con si la acción delictiva es una forma permanente de subsistencia o si es complementaria a su actividad laboral.

Al introducirnos en el análisis de la transgresión ocasional debemos señalar primero que las acciones de violencia social son una constante en la vida de los sectores populares y que, por tanto, cuando hablamos de mundo popular hablamos también de la coexistencia —en su vida cotidiana— de la transgresión a las normas y marcos morales definidos por las elites y la subordinación, sometimiento y aceptación de estas. Es esta contradicción la que da forma a las identidades populares.

Respecto a la cotidianidad de la violencia en las relaciones sociales de los sectores populares, Juan Cáceres Muñoz señala que «el miedo, la angustia y la muerte dominaban la vida del individuo, el que solo reaccionaba tomando medidas de defensa para asegurar su propia existencia. De este modo, al parecer, la violencia interpersonal caracterizó las relaciones cotidianas de la comunidad». Según el autor, «no resulta, por tanto, aventurado aseverar que la violencia fue un fenómeno cultural»[121].

Al hablar de transgresión y violencia no nos estamos refiriendo a un proceso consciente, proyectador y transformador, sino a actitudes, conductas y valores que llevan en su origen la contradicción, el debate entre la solapada resistencia y la abierta resignación.

Cada grupo social, mediante mecanismos de socialización, impone a todos sus integrantes unos valores, unas creencias y unos símbolos, de tal forma que se produce en ellos una nivelación y uniformidad de conductas; es decir, participan de un modelo

---

[121] Cáceres, «Crecimiento económico, delitos y delincuentes en una sociedad en transformación: Santiago en la segunda mitad del siglo xix», 99.

conductual de conformidad o normalidad[122]. Si bien los sectores populares se insertan en forma subordinada a la estructura y parecen aceptarla o son derrotados en sus intentos de resistencias, el estudio del mundo criminal nos pone de manifiesto hasta qué punto los valores culturales han sido asimilados o si se ha optado por rechazarlos[123].

Pero nos parece que no es solo el estudio de las acciones criminales lo que nos puede dar una idea respecto de los grados de aceptación o rechazo que existen entre los pobres del siglo XIX, de la moralidad y la institucionalidad de su época. Del análisis de las conductas privadas y algunas incluso públicas, resulta evidente que los sectores populares no quieren, o no están en condiciones de, respetar el ideal social construido por los sujetos e instituciones dominantes y, por lo tanto, hacen constante la violación a la «normalidad» definida por la elite. Esta transgresión a la norma adquiere diferentes dimensiones y formas, las que van desde la transgresión moral que implica el amancebamiento, la actitud festiva y licenciosa en tiempos de fiestas o carnaval, la propensión al juego y la desinhibida borrachera hasta la rebeldía violenta expresada en el delito o la revuelta[124].

Es así como estos sujetos crean y recrean sus relaciones sociales al margen de la institucionalidad y de los esfuerzos de la estructura productiva por disciplinarlos, forjando su identidad en las relaciones violentas y transgresoras existentes al interior del mundo popular y en la relación de este con la estructura. Refiriéndose a esta conflictividad violenta, Igor Goicovic plantea que «la casa, la calle, los espacios abiertos del mundo rural, la cárcel y la iglesia, no solo develan las tensiones acumuladas en la sociedad, sino que, además, proveen ámbitos y experiencias de sociabilidad que acentúan las contradicciones y enfrentamientos sociales»[125]. Así, los sujetos populares viven la transgresión como una cotidianeidad más allá del delito; es parte de las lógicas en sus relaciones sociales, fomentadas y profundizadas por los espacios en que habitan, las carencias que viven y los grados de explotación y represión a los que son sometidos. Estas acciones constantes y permanentes de los sectores populares se vuelven epidémicas en periodos de transición o crisis.

Como hemos visto, el tránsito político y económico chileno en la mitad del siglo XIX había generado una serie de transformaciones, trastocando o reforzando los elementos constitutivos de la identidad popular. En este contexto, situaciones que se mitigan en mejores tiempos aparecen en forma de epidemia en los momentos de

---

[122]   Bazán, «La historia social de las mentalidades y la criminalidad», en Carlos Barros (ed.), *Retorno del sujeto*, vol. 2, 95.

[123]   Ibíd.

[124]   Respecto a la transgresión que implica la actitud festiva y carnavalesca, véase Milton Godoy, «¡Cuando el siglo se sacará las máscaras! Fiesta, carnaval y disciplinamiento cultural en el Norte Chico, Copiapó 1840-1900», revista *Historia*, núm. 40 (2007).

[125]   Goicovic, «Los escenarios de la violencia popular en la transición al capitalismo», 76.

transformación. Los cambios en la estructura laboral definen, además, nuevas formas de trabajo, ocupaciones y rutinas para sujetos que anteriormente habían trabajado en el campo.

Relacionando el análisis del periodo, la identidad de los sujetos y la visión de la criminología respecto a este tipo de transgresión, encontramos la caracterización que hace Rosa del Olmo, quien señala que, en América Latina, la primera mitad del siglo XIX se caracterizó por una lucha ideológica en dos frentes y que tenía como escenario el proceso de modernización capitalista. Este necesitaba, a juicio de la autora, por una parte, defenderse de todo intento por restaurar el pasado y, por otra, garantizar el orden social imperante, resguardándose de las problemáticas sociales derivadas de la creciente proletarización. La ciencia sería, al menos en el discurso, la llamada a encontrar el ordenamiento racional de estos fenómenos[126].

La visión cientificista existente en este periodo ataca la externalidad del problema delictivo con el afán de neutralizarlo; se aplican medidas legales fuertemente restrictivas contra los sujetos populares, pues esta visión no analiza el delito en sí mismo, sino como una expresión de inferioridad de quien lo comete, todo esto bajo el paradigma del darwinismo y el sesgo racista propio de este enfoque[127].

No obstante, queremos presentar una afirmación principal para entender la transgresión de los sectores populares no desde la lógica del delito, sino desde la identidad, es decir, como señala Abel Cortez[128], no en negativo sino en positivo, viendo la transgresión como un componente, una causal y un efecto de su identidad y no simplemente como una respuesta a un sistema que les es adverso. La afirmación a la que nos referimos es que los sectores populares construyen su identidad al margen de la institucionalidad y la moralidad de la elite. Esta identidad llega a ser una construcción violenta y transgresora, como efecto y consecuencia de las relaciones violentas y transgresoras que existen al interior de estos sectores sociales y entre estos y la institucionalidad y moralidad de los poderosos. Esta relación violenta funda una identidad violenta, pero, a la vez, es la trinchera desde donde los sujetos resisten la arremetida moderna, construyendo una práctica paralela que violenta el sistema. Así, el delito como cotidianidad, como manifestación de falta de respeto hacia la propiedad, es parte constitutiva de la identidad popular. El sujeto popular no delinque y violenta la propiedad y la ley solo por la subsistencia, sino porque la transgresión y la violencia son parte de su *ethos*.

---

126   Rosa del Olmo, *América Latina y su criminología* (México: Siglo XXI, 1999), 23.

127   Ibíd., 31

128   Cortez, «Delincuencia, redes sociales y espacios en la vida cotidiana rural de Chile central. Valle de Aconcagua, 1820-1850».

Al hablar de identidad popular, estamos señalando una serie de rasgos de conductas configurados en la relación cotidiana de los sujetos populares, una experiencia histórica que les permite reconocerse, identificarse y diferenciarse. En esta experiencia histórica son importantes las vivencias habituales y la relación conflictiva con la institucionalidad, porque la definición identitaria del sujeto popular se da en relación con la construcción que hace de sí mismo, pero también con la imagen que otros tienen de él.

La identidad popular, por lo tanto, se genera en la relación existente entre la imagen que dicho sujeto tiene de sí mismo y la que su contraparte, en este caso la elite, crea respecto a él. Es así como la elite dominante decimonónica influye en la creación identitaria de los sectores subordinados de dos formas: elaborando un discurso respecto a ellos y a través de la relación directa como institucionalidad expresada en la Iglesia, la ley y el trabajo.

Si nos referimos específicamente al discurso que construye la elite respecto a los sectores populares del mundo rural, podemos decir que es excluyente, moralizante y muy categórico a la hora de realzar sus actitudes violentas e inmorales. A juicio de Romero,

> esa mirada surge, como todas, de una específica confluencia de experiencias y prejuicios. Parte de una imagen global de la sociedad y de los lugares asignados, a unos y otros, e incluye un conjunto de rasgos, comportamientos e ideas atribuidos al otro. Si bien está cruzada por esquemas intelectuales que aspiran a la racionalidad y objetividad, hay una zona reservada al prejuicio, a la visión desformante, a la ideología descalificadora. Originada a menudo en reacciones primarias como el desprecio o el miedo[129].

Es posible aplicar estas afirmaciones que Luis Alberto Romero utiliza para analizar la constitución de las identidades populares en Buenos Aires desde la segunda década del siglo XX al contexto del presente estudio. La elite chilena decimonónica, como señalábamos más arriba, ve y categoriza al mundo popular desde el desprecio y el miedo, aplicando como sanción a las acciones desviadas la descalificación moral y la violencia contra el cuerpo. Esta apreciación se materializa en la reposición de la pena de azote en los primeros años de la República Conservadora, la que constituye una represión directa sobre el cuerpo de los sujetos transgresores, con lo que el desprecio y el miedo al mundo popular se hace evidente.

Si bien hemos caracterizado la transgresión y el delito en general, en el presente apartado indagaremos en las acciones delictuales cometidas por los sujetos populares del ámbito rural chileno entre los años 1850 y 1870 que tengan la particularidad de no ser delincuentes habituales. Reiterando una afirmación hecha en los párrafos

---

[129] Luis Alberto Romero, «La Identidad de los sectores populares en el Buenos Aires de la entreguerra (1920-1945)», revista *Última Década*, núm. 5 (1996): 1-6.

precedentes, señalaremos que a menudo se vincula la transgresión rural con la acción del bandolerismo, catalogando como bandido o bandolero a todo aquel que transgrede en el campo y, por tanto, comete delitos de bandolerismo aunque no lo haga para subsistir, sino, eventual u ocasionalmente, robe una vaca o asalte a un viajero, lo que puede darse en el contexto de una borrachera, un mal momento económico o simplemente cuando es incitado por la ocasión.

Estamos hablando entonces de un delincuente ocasional que, más que delincuente, siguiendo la línea argumentativa que hemos planteado, es parte de un conglomerado identitario que ve tan cotidiano y común el trabajar diariamente en una hacienda de peón como robar algunas especies para complementar sus ingresos. El robo ocasional es visto como parte de la cultura cotidiana; la violación de la ley es un elemento que forma parte del comportamiento habitual.

Al utilizar las categorías aplicadas por la criminalística positivista del siglo XIX a este tipo de sujeto, encontramos que se lo define como persona, casi siempre normal, aunque de escasa energía volitiva, que delinque por sugestión del ambiente o por motivo pasajero sentimental o externo. Se trata de un delincuente primario, poco o nada peligroso, generalmente exento de defectos psicológicos, pero cuyos delitos pueden llegar a ser habituales, pues no cuenta con frenos inhibitorios. Esta clase de delincuente no puede refrenar sus impulsos; ante la ocasión reacciona sin calibrar las consecuencias.

En realidad, se trata de los campesinos pobres del espacio rural chileno, que desde la jurisprudencia o la institucionalidad pueden ser catalogados como delincuentes ocasionales, pero desde la perspectiva del presente análisis poseen más bien identidades de rechazo al orden, un rechazo primario, espontáneo, visceral, aunque claramente sin posibilidades de trasformar el orden. Desde un análisis estructural podemos catalogar estas acciones de transgresión, violencia y delictualidad como reacciones o consecuencias mecánicas de las privaciones que sufre el mundo popular. No obstante, sin negar la necesidad de la subsistencia, creemos que estas acciones responden a la generación por parte de los desposeídos y subordinados de mecanismos de relación propios que en la práctica chocan y son contradictorios con la moral impuesta por la clase dominante en la sociedad decimonónica.

En las causas analizadas para el periodo en el espacio que abarca Chile centro-sur, encontramos varios testimonios de hombres y mujeres que alegaban haber cometido un ilícito por primera vez, estar borrachos al momento de cometerlo o haber sido tentados por una buena recompensa en dinero o reparto del botín para unirse a algún robo menor o mayor. En definitiva, se trata de delincuentes ocasionales desde la lógica del poder, pero de transgresores cotidianos desde la constitución de la identidad popular.

En el juicio contra Francisco Rebolledo y otros, por ejemplo, queda de manifiesto que las situaciones de relajo del poder se convierten en contextos propicios para el delito: estos momentos habrían generado las condiciones para que sujetos mayores de veinticinco años, tres mayores de cuarenta, tres casados y uno de ellos labrador cometieran delitos amparados en el desorden generalizado del momento. Nos referimos al contexto de la guerra civil del 59.

Sin embargo, es la propia autoridad quien los califica de eventuales delincuentes, lo que, dado también el contexto, no los exime de responsabilidad, siendo finalmente condenados a cinco años de presidio:

> I teniendo presente que el valor de lo rovado no excedera de trescientos pesos y que no se ha probado que la partida mencionada se organizare con objeto de ocuparse habitualmente en robar que lo que la constituiria en cuadrilla siendo lo masproblable que lo hiciese prevalida del licor y del desorden que reinaba en los campos con motivo de la revolucion pasada[130].

En categorías utilizadas por el análisis de criminalidad, estos serían pseudocriminales, pues su acción es ocasional; es el contexto el que hace que cometan el delito.

Similar situación encontramos en el juicio por abigeato cuyos acusados son José Sanhueza y Mercedes Rivera, ella prófuga y sin mayores datos y él de cincuenta años, avecindado en Nonquén, soltero y de oficio gañán. Cuando se le toma declaración, este señala

> que la causa de su prisión es por haber hurtado una ternerita de 7 a 8 meses de la propiedad de doña Juana Herrera y que además era dueña de las presas que indica en la nota precedente y que el resto lo empleo el confesante con mercedes ribera en una comer y porque tenían necesidad y que está dispuesto el y su comadre la ribera a la dicha mercedes a pagar el valor de dicha ternerita pues cuando se resolví a hurtarla de común acuerdo yo con dicha Mercedes convinieron en pagarla si eran descubiertos: que el confesante solo tiene un trabajo personal y la Ribera tiene bienes con que pagarla.
>
> Que esta es la primera vez que incurre en este delito y que jamás ha cometido ningún otro ni ha estado preso[131].

La inexperiencia de los ocasionales delincuentes es, en este caso, más que evidente. El pacto previo de pagar el robo a la víctima en caso de ser descubiertos nos habla de una actitud dubitativa frente al delito; hay una necesidad y esta se resuelve a través del robo. Esta acción evidencia también la contradicción existente en el mundo popular entre la aceptación de la norma y su abierta transgresión. El acusado reconoce la propiedad y está dispuesto a retribuir por su violación, pero solo si es sorprendido.

---

[130] Archivo Judicial de Talca (en lo sucesivo AJT), año 1859, vol. 746, foja 8.

[131] Archivo Judicial de Concepción (en adelante AJC), año 1851, vol. 68, foja 6.

En el caso contra Juan Gutiérrez, encontramos una de las razones aludidas por Hobsbawm para señalar el inicio de una vida de ilícitos dedicada al bandolerismo: la venganza. En juicio por abigeato se acusa a este hombre de treinta y ocho años, procedencia Molina, casado y labrador de haber robado una yunta de bueyes perteneciente al inspector de Lontué, don Narciso Gonzáles. En la descripción del caso se señala:

> No hay mas prueba que dos testigos que aseguran haber visto al reo que estrajudicialmente confeso el delito i este alega que lo hixo por las apremiacion i vejaciones que el ejercio contra el, el espresado funcionario. No constan esos apremio i la dilijencia que el juzgado de letras mando practicar de oficio para su esclarecimiento inducen a creer que no han existido[132].

En ninguno de los casos los sujetos cumplen con el perfil definido en diversos estudios para el bandolero. La edad excede ampliamente la media juvenil que tienen estos sujetos. Por lo demás, en el primer caso, los hombres son en su mayoría casados y el desarraigo asociado a las acciones del bandolerismo tampoco es la norma, ya que dos de ellos son labradores de la zona.

Los sujetos populares ven muchas veces el negocio que implica un delito como un trabajo más a realizar. Es por eso que, en algunas oportunidades, delincuentes avezados ofrecen a primerizos formar parte de la actividad delictual a cambio de una buena paga o de participar en la repartición del botín. Así lo relató Fernando Quezada, de cuarenta años, natural de Talca y gañán.

> Aquel confiesa realmente que yendo para Pencahue lo alcanso Pedro Aliste i lo convido para hurtar unos animales de Litue ofreciéndole una gratificacion del producida del negocio en nada habia que temer por que el dueño era un tonto i no los perseguiria. Le hurtaron ocho animales quedandoseles uno en el camino y los trajeron a la esta de Lircay[133].

Algo similar relata José María Zalasarquein, que fue aprendido con una yegua que había sido robada de un fundo cercano y, en su declaración, señaló que «el ladron fue Joaquin Godoi a quien acompaño en dicho Hurto i le gratifico con la llegua llevándose Godoi el potro»[134].

Si bien los delitos cometidos por estos sujetos son aquellos relacionados con el bandolerismo, a saber, el abigeato y salteo, no nos parece que ellos deban ser catalogados como bandoleros.

Creemos que la incorporación de estos casos a la caracterización, análisis e interpretación del bandolerismo en Chile entrega tesis equivocadas respecto a esta

---

[132]   AJT, año 1862, vol. 767, foja 12.

[133]   AJT, año 1862, vol. 770, foja 13.

[134]   AJT, año 1862, vol. 772, foja 9.

acción, ya que dichos estudios están basados en el tipo de delito cometido y no en los sujetos que lo cometen. Uno de los planteamientos más recurrentes en estos análisis es que las víctimas de los bandoleros son indistintamente pobres o ricos[135], pero, si bien no podemos afirmar que el bandolero haya sido un bandido social que solo robaba a los ricos, sí es necesario hacer la distinción entre quienes robaban ocasionalmente y quienes hacían de la actividad delictual su oficio.

En el análisis de los casos en los que el robo es una situación ocasional, sin mucha meditación y propiciada por las circunstancias, encontramos que las víctimas son en su mayoría sujetos de la misma condición del agresor, muchas veces vecinos, conocidos o compañeros de faena. Así se presentan casos donde luego del pago, algunos peones carrilanos, borrachos y enfiestados le roban la paga a otro que se quedó dormido. Esto no es de extrañar, pues el delincuente sin oficio solo comete el delito alentado por la ocasión o impulsado por la necesidad y, sin tener capacidad para planear un acto de envergadura, solo ataca lo que tiene más a la mano: su propia comunidad.

Evidencia de la improvisación y poca experiencia de estos sujetos para cometer delito es el siguiente caso:

> En cumplimiento de la orden judicial se procede poner inmediatamente bajo la custodia competente a los individuos, Antonio Orellana, María Santander, José Mejando, todos los cuales habitan en el rancho contiguo a la pesebrera de la casa de donde se hurtaron el caballo mulato de estimación de la propiedad del licenciado Juan Badilla. El cabo de policía, Lorenzo Espinoza y otros señores y el mismo dueño del caballo presenciaron las evidencias del hurto del de caballo que fue sacado de la pesebrera de la casa del mencionado Badilla hasta el portillo hasta el fondo del sitio de la misma casa, estando abajo unos palos gruesos de estocada y dando pasos lo extrajeron del sitio a parar las pisada frescas y patentes del caballo hasta la misma puerta del rancho de Orellana donde habían demostraciones muy visibles y habían raspado el suelo con el fin de borrar el rastro de las pisadas que estaban junto a la puerta del mismo rancho. También se encontraron al salir de la pesebrera rastros de pisadas [...]. Si se me avisado por el mismo cabo hubiese encontrado el mismo domingo un par de zapatos que es muy probable serán del que de descalzo para sacar el caballo amarrado con hilo y por el mismo si también se me ha informado que la misma noche del hurto del caballo le robaron el seguro de la calle donde esta la casa del señor Badilla el lazo de la montura, estando el seguro probablemente cercano e inmediato a la puerta donde se verifico el robo. Pongo en conocimiento a usted para los fines que más convenga[136].

---

[135]   Bersezio, «Bandolerismo en Rancagua. 1850-1890»; Daitsman, «Bandolerismo: mito y sociedad. Algunos apuntes teóricos»; Valenzuela, *Bandidaje rural en Chile central. Curicó, 1850–1900*; Valdés, «Historia social de la delincuencia y el bandolerismo en la provincia de Concepción 1835-1860».

[136]   AJC, Juicio seguido contra Antonio Orellana por hurto de un caballo, año 1851, vol. 63, foja 10.

El robo de un animal en la casa contigua y la forma burda en que se tratan de disimular las pruebas hablan, sin duda, de una improvisación extrema y, por lo tanto, de un delito ocasional.

El caso del labrador Nazario Torres de treinta y ocho años, casado, nos presenta otra situación de robo ocasional, de poca monta y por subsistencia:

Se acusa a Nazario Torres y a su Suegro Domingo Marqués de haber hurtado y matado una vaquilla propiedad de Benancio Catalán. Se le hace sospechoso a causa de acusaciones pasadas por hurto en Penco. Nazario Torres confiesa que lo hizo por no tener nada que comer, y que estaban dispuestos a pagar el precio del animal hurtado. Su suegro se excusa diciendo que antes nunca había estado preso y que su labor es ser vendedor de leña y dedicarse a quehaceres domésticos[137].

La embriaguez era otra de las causales señaladas por los reos para cometer delitos:

Fue aprehendido ebrio con cinco llaves que pretendía vender o empeñar, por lo cual se transformó en sospechoso de robo.

El acusado arguye en su defensa no recordar donde encontró dichas llaves, además de no haber testigos, pero que no las robó. Menciona que solo ha estado preso una vez por pendencia en espacio público, estando ebrio. Suplica libertad[138].

La inconciencia que produce el licor es una razón esgrimida con frecuencia para justificar los delitos. Creemos que, efectivamente, muchos de los acusados fueron alentados por el licor, pero también que esta era una forma recurrente de tratar de evadir las responsabilidades de las faltas cometidas.

José María González en Colcura el día onces de noviembre próximo pasado en la que le lanzo una hacha al dicho González y después desobedeció al juez, responde que hubo un pelea con el dicho González pero que no recuerda haberle golpeado con un hacha, que tampoco se acuerda de haber insultado al juez Monsalve, ni resistido a sus órdenes, porque estaba enteramente ebrio[139].

En concepción a 38 de agosto de 1855 comparece al juzgado don José Antonio Alcazar i confesó que el muchacho Bonifacio Arriagada le había hurtado cuatro caballos de la propiedad del expresado Alcazar por lo que se ordeno se formara el correspondiente proceso al indicado Arriagada incidiendo el presente acto de cabeza de proceso. El acusado argumento que su patrón lo había mandado a su choza a buscar los caballos,

---

137   AJC, Juicio contra Nazario Torres y otros por abigeato, año 1850, vol. 70, foja 8.

138   AJC, Juicio por robo contra Felipe Acevedo 1851, vol. 55, foja 4.

139   AJC, Juicio por pendencias y desacato contra Feliciano Iturra (treinta y seis años, soltero, gañán), año 1850, vol. 70, foja 6.

allí fue embriagado por dos hombres que prometieron ir a realizar la diligencia. Estos hombres no se presentaron a declarar[140].

Los hurtos, pendencias, borracheras y escándalos son los delitos más cometidos por los sujetos populares, y todos ellos hablan de acciones en la cotidianidad. Otro de los más comunes es la reducción de especies. Si bien muchas veces esta es caracterizada en los archivos judiciales como hurto, finalmente el acusado no es más que un eslabón en la cadena del delito; compra especies como carne, ropa, granos, joyas y otros o, como en el caso de Justo Albornoz y Paula Ramírez, actúa como intermediario con el fin de ganarse unos pesos.

> El acusado plantea que le fueron ofrecidas las prendas de ropa por otras personas para que él las empeñara y que no tenía conocimiento de que fueran robadas, lo cual aceptó por estar falto de dinero para comer[141].

Albornoz es un hombre con oficio de zapatero, tiene ya treinta años, es casado y reside en la localidad; sin embargo, hace del hurto y la reducción de especies una actividad complementaria a su quehacer como zapatero. A pesar de que fue condenado en 1854 a doce meses de presidio urbano, el año 1855 nuevamente es sorprendido en este tipo de acciones siendo sometido a juicio dos veces por hurto de especies al año siguiente. Su especialidad al parecer era la ropa y los artículos domésticos, tal vez por la facilidad con la que estos se vendían[142].

El salteo y el abigeato son los tipos de delitos identificados con el bandolerismo, no obstante insistimos en el hecho de que no todos aquellos que cometen estos delitos pueden ser considerados bandoleros. En los juicios por salteos, muchos acusados son primerizos, sujetos en estado de embriaguez o personas que tienen residencia y oficio.

> Comandancia de policía, Concepción octubre 18 de 1858:

> Tiburcio Montoya y Martina Inoztroza mujer de Pascual de Abila se encuentran detenidos en este cuartel por sospechas que Abila i Montoya son los que saltearon a anoche a Sipriano Acevedo despojándolos de las prendas que tenía puestas i la plata que tenia en los bolsillos dejando al despojado bastando mal tratado i aturdido con los golpes que recibió Montoya tiene señalado mui positivas de ser el uno de los salteadores pues tiene en la frente un tumos i la camisa llena de sangre la Inostroza dice que su marido salió en la mañana para el campo lo que prueba que ha hecho la fuga. Estos dos individuos andubieron ayer en el dia dibirtiéndose juntos con Acevedo i la vieron que andaba traiendo plata[143].

---

[140] AJC, Juicio contra Bonifacio Arraigada por abigeato (quince años), año 1855, vol. 143, foja 20.

[141] AJC, año 1854, vol. 143, foja 14.

[142] AJC, año 1855, vol. 143, fojas 16 y 17.

[143] AJC, Causa criminal contra Tiburcio Montoya y otros por salteos y heridas a Cipriano Acevedo, año 1858, vol. 169, foja 6.

Existen en la construcción identitaria de los sujetos populares conductas que constituyen una moral paralela derivada de sus costumbres, pero que para la lógica positivista imperante en el siglo XIX son delitos. El caso de «aparaguayamiento» es una expresión muy clara de lo que estamos diciendo: la lógica popular entrega la posibilidad de hacer uso de los bienes del otro y luego devolverlos. Cuando el uso es consentido es un préstamo, pero cuando no lo es, se trata de aparaguayamiento, algo que se refiere principalmente al uso de los animales, sobre todo los bueyes que constituyen un instrumento de trabajo[144]. Pero esta no es la única expresión de moral alternativa; la violación de la ley vista como algo normal es bastante recurrente en los relatos sobre las acciones populares. María del Rosario Márquez, al explicarle el juez las razones del robo de una vaquilla en complicidad con su padre y su marido señalaba:

> Declaró que le dijo su marido que quería matar un buey de su propiedad y ella le contestó que no hiciera porque tenían que trabajar en la chacra con ellos y que porque así como otros mataban animales ajenos el también no lo hacía y entonces Torres tomo un cuchillo y salió con su suegro Domingo.

La ocasión, la necesidad o la borrachera se convierten en estímulos propicios para cometer ilícitos, pero también la falta de un control real sobre la población es una circunstancia que sirve como amparo al delito ocasional. En el espacio rural chileno decimonónico, algunas instituciones tienen más presencia que otras; la policía, por ejemplo, es una institución bastante poco efectiva que hace que las autoridades locales estén obligadas a buscar otras formas de otorgar seguridad.

Es así que encontramos reiteradamente en los comunicados de intendencia y gobernación la petición de

> una policía rural [que] traería inmensos beneficios a la provincia pues vendría en protección de la generalidad de sus habitantes que dedicados casi exclusivamente a los trabajos de la agricultura, viven diseminados en su estenso territorio sin resguardo alguno para sus intereses, ni para su propia existencia[145].

Las características mismas del espacio rural y el proceso incipiente de modernización del Estado determinan que, para mediados de siglo, la policía rural sea solo una excepción en algunas localidades. En la mayoría de los departamentos, quienes se hacían cargo de la vigilancia y la contención de los delitos eran los propios vecinos, justificándose en que «sin fuerza de ninguna clase de que poder disponer,

---

144   Rojas, Mauricio: «Entre la legitimidad y la criminalidad: el caso del «aparaguayamiento», en Concepción, 1800-1850», *Historia*, núm. 40, vol. II (2007): 41-444.

145   Memorias del intendente del Maule, departamento de Cauquenes, en *Memorias del Interior*, 1865, vol. 70.

el único arbitrio que en esas circunstancias adoptan las autoridades es levantar patrullas de campesinos que recorran el territorio»[146].

La importancia de contar con una policía rural queda de manifiesto en el siguiente comunicado de las memorias del intendente de Concepción:

La policía rural produjo los buenos resultados que eran de esperarse i cesaron casi completamente los robos que eran una plaga de ese departamento[147].

Sin embargo, no es solo un problema de represión, es también un problema de aceptación, incorporación y legitimación de las normas morales e institucionales impuestas por la elite[148]. A través del análisis de la transgresión social cotidiana, podemos darnos cuenta de qué tan incorporados están los valores de dicha sociedad, si bien no podemos hablar de una respuesta consciente y proyectadora contra la imposición de los códigos de la elite, sí nos parece que existe en la violación cotidiana de la ley, el orden y la moral una construcción alternativa, que se debate entre la aceptación y el rechazo y que genera un modo de ser particular, el de los sujetos populares, que cuando es necesario actúan de acuerdo con la norma y cuando es propicio y posible la transgreden.

La particularidad de la transgresión cotidiana femenina

Dentro de este mundo popular rural que se debate entre la lealtad al patrón, la moral de la clase dominante y la construcción de patrones conductuales basados en una concepción moral propia que transgrede y violenta el orden social impuesto, encontramos la particularidad de la violencia y transgresión femenina. Los casos analizados pretenden evidenciar las conductas transgresoras, cotidianas o por lo menos frecuentes de las mujeres frente a los patrones culturales y legales de la sociedad en la cual se desenvuelven. Pretendemos, entonces, ahondar en las mujeres que violentan el orden establecido, no como una situación fortuita, sino porque han construido sus vidas, su identidad y su moralidad al margen de las exigencias morales y legales de la época.

Las mujeres de las que hablamos son parte del mundo popular y, por lo tanto, comparten los elementos culturales fundamentales de sus compañeros, siendo a la vez receptoras y reproductoras de estas conductas. Las acciones que podríamos catalogar

---

[146]   Ibíd.

[147]   Memorias del intendente de Concepción, en *Memorias de Interior* 1866, vol. 71.

[148]   Un enfoque referente a cómo el delito evidencia los grados de interiorización de los valores sociales se puede encontrar en Bazán, «La historia social de las mentalidades y la criminalidad», en Carlos Barros (ed.), *Retorno del sujeto*, vol. 2, 85-101.

como violaciones a los códigos morales de la sociedad decimonónica chilena se transmiten y fomentan de madre a hijos, entre cónyuges y entre aquellos que, teniendo o no algún vínculo sanguíneo, habitan un mismo espacio y comparten necesidades.

No obstante, existen algunas diferencias en la reproducción social entre hombres y mujeres, sobre todo, respecto al grado de movilidad. Las mujeres tienen menos posibilidades de «echarse a los caminos» debido a una serie de elementos que tienen que ver con el rol de género que les corresponde cumplir; la maternidad es, sin duda, el principal. Luego de haberse convertido en madre, a la mujer le resulta tremendamente dificultoso el traslado, sobre todo, sin rumbo fijo, dificultad que para los hombres no existe. Su compañero, prometiendo el envío de recursos para la manutención de ella y sus hijos, no encuentra obstáculos para el abandono temporal o permanente del hogar.

La otra situación que mantiene a la mujer con un grado mayor de arraigo tiene que ver con el tipo de actividad económica que realiza. A menudo se trata de trabajo doméstico, actividad que implica la relación con una familia durante años, la cual le proporciona muchas veces el techo y la comida diaria, por lo que se establecen, entre patrones y empleadas, lazos de confianza y en algunos casos de lealtad. De no ser trabajadoras permanentes en casas de «familias respetables», se ocupan principalmente como costureras o lavanderas de forma esporádica, lo que les confiere otra categoría dentro del mundo social. Esto se evidencia cuando, en más de un caso, al ser presentadas como acusadas de haber cometido algún delito, los testigos señalan que «no se le conoce oficio» o «tienen mala reputación», lo que denota el alto grado de prejuicio y sanción moral de la sociedad de la época contra las mujeres trabajadoras libres.[149]

Referencia obligada es la opinión que despertaban en la elite chilena decimonónica las mujeres dueñas o trabajadoras de las ramadas. Por su carácter extrovertido, estas mujeres eran calificadas de inmorales, prostitutas y aposentadoras de ladrones en sus ramadas. Se cargaba sobre ellas toda la culpa de las relaciones de amancebamiento, de los hijos naturales y de los triángulos amorosos y adúlteros.[150]

Las mujeres populares, entonces, debido a las grandes necesidades de la subsistencia, deben ganarse la vida realizando múltiples oficios y teniendo que soportar la sanción moral que muchas veces esto conlleva. Así, transgreden la moral pacata construida sobre el ideal de mujer de elite y aplicado, en forma extensiva, a todas las mujeres del mundo social chileno de mediados del siglo xix. Construyen su propio corpus moral, que tiene más que ver con la solidaridad entre componentes de la misma

---

[149]   Un interesante artículo sobre las actividades económicas de las mujeres en el siglo xix es el de Alejandra Brito, «Del rancho al conventillo, transformaciones en la identidad popular femenina, Santiago de Chile 1850-1920», en *Disciplina y desacato, construcción de identidad en Chile, siglos xix y xx*, (Santiago: Ediciones SUR/CEDEM, 1995).

[150]   María Soledad Zárate, «Mujeres viciosas, mujeres virtuosas, la mujer delincuente y la casa correccional de Santiago, 1860-1900», en *Disciplina y desacato, construcción de identidad en Chile, siglos xix y xx*.

clase y con valorar la subsistencia de los suyos que con guardar las apariencia o seguir a *pie juntillas* los designios de la Iglesia y el Estado.

Según Gabriel Salazar, «las mujeres del "bajo pueblo" avanzaron por la historia flotando, no en la cresta del desarrollo económico, cultural y social de los periodos colonial y poscolonial —como las matronas oligarcas—, sino en las borras del bajo fondo y en la resaca de retaguardia. Nadando en las aguas cenagosas del código moral "b", y no en las luminosas del código moral "a"»[151].

Transitar, en palabras de Salazar, por el código moral «b» significó muchas veces no solo transgredir los designios de la moralidad católica, sino también la ley. En estas situaciones, las mujeres populares buscan su subsistencia de cualquier manera, aunque esta signifique robar, vender objetos robados, aposentar bandoleros, etc.

Los casos en los que nos hemos centrado son principalmente aquellos relacionados con el robo, el hurto, el abigeato, el salteo y el bandolerismo. La elección tiene que ver con que estas acusaciones denotan en su mayoría conductas permanentes de transgresión y no son casos fortuitos, como sí podría ser un asesinato. Tratando de ahondar en este punto, diremos que un asesinato no convierte a la autora en una mujer que continuamente realice este tipo de acción; los asesinatos son más bien episodios únicos en la vida de una persona y no hablan de su actuar permanente[152]. Contrariamente a lo anterior, diremos que el robo, el hurto, el abigeato, el salteo y el bandolerismo en los cuales se ven involucradas las mujeres no corresponden a acciones puntuales y situaciones únicas, si no más bien a la forma que tienen de subsistir. Es decir, las mujeres populares en el mundo rural chileno están obligadas a buscar diversas formas de subsistencia, aunque estas estén reñidas con la legalidad y la moralidad, convirtiendo muchas veces el delito en una constante en sus vidas. Así tenemos, por ejemplo, el caso de esta mujer que, a pesar de reconocerse con oficio, ha convertido el hurto en una actividad de subsistencia. «Es del departamento, casada, costurera y lavandera mayor de cuarenta años, no sabe leer ni escribir, ha estado dos veces presa por hurto, pero no ha sido condenada»[153].

Partiremos realizando algunas constataciones con respecto a las características cuantitativas de la transgresión femenina en el mundo rural.

---

[151] Salazar y Julio Pinto, *Historia contemporánea de la historia de Chile*, tomo IV (Santiago: LOM ediciones, 2002), 137.

[152] Respecto al tema mujeres y homicidios véase Carla Rivera, «Mujeres malas. La representación del delito femenino en la prensa de principios del siglo XX», *Revista de Historia Social y de las Mentalidades*, vol. 1, núm. 8 (2004). Aunque aborda el tema en otro momento histórico y desde otra perspectiva, la autora explica cómo un homicidio es en general una situación única en la vida de estas mujeres.

[153] Archivo Nacional Judicial de Linares (en adelante ANJL), 1878, legajo 16, pieza 12.

Tabla 1

Total robos y hurtos realizados en Linares entre 1850 y 1890[154]

ROBOS 89 casos		HURTOS 263 casos	
Total robos hombres	Total robos mujeres	Total hurtos hombres	Total hurtos mujeres
75	14	234	29

* Elaboración propia a partir del Archivo Judicial de Linares

El trabajo de fuentes desarrollado en esta investigación nos confirma un dato ya antes señalado por otras investigaciones: la baja proporción de casos de criminalidad femenina en relación con las acciones masculinas. Como ejemplo, diremos que en las fuentes manuscritas compulsadas para la zona de Rancagua para el periodo 1850-1890, encontramos doce casos de mujeres para un total de 463. Mientras tanto, en el Archivo Judicial de Linares, para el periodo que va desde 1850 a 1890 encontramos 450 casos, de los cuales 42 son cometidos por mujeres. La máxima proporción en que se presenta la delictualidad femenina es en los robos y hurtos; para el caso de Linares el hurto femenino se presenta en una proporción del 11 % y el robo en un 15 % y aun así podemos establecer que, en términos absolutos, los delitos en los cuales las mujeres se ven mayoritariamente involucradas son los hurtos, que corresponden a un 70 % de los delitos cometidos por ellas en este periodo. En su mayoría son mujeres jóvenes, entre los veinticinco y los treinta y cinco años de edad, casadas y que habitan en la misma zona en que han cometido la acción delictual[155].

El análisis de las cifras no nos lleva a detectar un ámbito delincuencial que sea específicamente femenino, por lo que nos abocaremos a la búsqueda —en estas acciones de transgresión social realizadas tanto por hombres como por mujeres populares— de los elementos particulares o específicos de la transgresión femenina en el campo chileno.

La mujer cuando delinque está violentando no solo la ley, sino una serie de exigencias que se le hacen por su condición de género. El ideario colectivo de la elite y las tesis científicas decimonónicas respecto a la mujer y la moralidad católica hacen que se cree y se difunda un discurso sobre la mujer que la presenta como madre, esposa o hija, ligada primordialmente a la conservación de los valores cristianos. Es por eso que

---

[154]   La necesidad de contar con una muestra significativa de casos nos exigió ampliar el periodo de estudio en relación con el resto de la presente investigación. Los datos para el caso particular de las mujeres comprenden el periodo 1850-1890, mientras que para el resto, el de 1850-1870.

[155]   Archivo Nacional Judicial de Rancagua (en adelante ANJR), 1850-1890.

cuando delinque es considerada como anómala, presa de bajas pasiones, impulsada por la locura o por la poca racionalidad característica de su condición[156].

La misma historiografía sobre las féminas nos ha trasmitido la idea de que las mujeres que se ven envueltas en casos de transgresión y violencia son víctimas de un contexto económico y social de marginación, abandono y privaciones, o bien de un compañero sentimental que las impulsa u obliga a cometer actos ilícitos.[157]

Coincidimos con la reflexión que resalta la marginación y la privación que históricamente han sufrido los sectores populares y creemos que esta misma situación ha desarrollado en los marginados conductas de permanente transgresión que hacen que estén en constantemente desafiando a la autoridad y a la moralidad, ya sea a través de sus conductas privadas, que pueden expresarse en unas relaciones ilícitas, gusto por el juego y la fiesta, ya al accionar de algunas de ellas, que no dudan en transgredir la ley para subsistir[158].

Respecto de la condición de víctimas que se les podría asignar a las mujeres que transgreden la ley debido a la presión que sufrirían para delinquir por parte de sus compañeros, podemos establecer dos cosas: primero, que efectivamente en algunos de los casos la acción delictual o transgresora de las mujeres está acompañada por un hombre, sin embargo, no son la mayoría, y, segundo, que hombres y mujeres populares comparten una misma conducta reñida con la moralidad impuesta por la elite y, por esto, las mujeres, más que responder a una presión para delinquir, manifiestan una solidaridad que permite establecer redes de subsistencia con los sujetos varones de su misma condición social.

Es el caso de las «aposentadoras de bandidos», su acción transgresora consiste en brindar cobijo a quienes han violado la ley, acción que es, en general, reiterativa, por lo que sus hogares se transforman en lugares que quienes huyen de la justicia visitan habitualmente.

---

[156] Ortubai Miren, «¿Incorporación de la mujer al delito?», en *Ekinntza Zuzena, Revista Libertaria*, núm. 18 (Euskadi, sin fecha). El artículo presenta un interesante recuento de cómo la criminología ha variado su enfoque desde una visión al sujeto que comete delito a la reacción social frente al delito y, en este proceso, cómo la mujer pasa de ser un sujeto anómalo a ser parte de una interpretación desde la criminología que indaga en el control social y en las particularidades que adquiere la penalización de los delitos cometidos por mujeres.

[157] Claudia Araya Pinto, «La mujer y el delito en Talca. 1825-1872» (tesis para optar al grado de magíster ártium con mención en Historia, Universidad de Santiago, 1993).

[158] Goicovic, «Los escenarios de la violencia popular en la transición al capitalismo». Véase también «Consideraciones teóricas sobre la violencia social en Chile 1850-1930».

Yo ví salir a Jilberto Castro bandido muy conocido de la casa de Eusebia Cifuentes que vive vecino y se comunica por el interior con la de Juana María Vallejos. Esta mujer era concubina del otro bandido Santiago Pincheira[159].

Aposentar bandoleros no es considerado un delito a menos que se compruebe que es una acción cotidiana; por lo tanto, no puede ser castigada por la ley. Sin embargo, las mujeres que son acusadas de esta falta reciben todo el descrédito social y moral. Según declaración del comandante de Policía de Linares, don Pedro del Canto:

Conozco a Juana María Vallejos y no tiene ocupación ninguna en la ciudad. Siempre he visto que en su casa se hospedan hombres sospechosos y no hace mucho tiempo que ha Gilberto Pareja lo aprehendí en su casa[160].

Respecto a las acusaciones, el fiscal dice y pide:

Consta de este proceso que Juana María Vallejos es una persona vaga y de mala conducta, mereciendo por consiguiente, que se le aplique el castigo de reclusión menor en su grado mínimo y sujeción a la vigilancia de la autoridad[161].

Al hablar de hurtos, robos, salteos, abigeatos y bandolerismo, no estamos frente a delitos catalogados exclusivamente como femeninos, ya que la mayoría de quienes los cometen son hombres. Sin embargo, como habíamos constatado anteriormente, sí son causas por las cuales la mayoría de las mujeres sometidas a proceso son inculpadas. Debemos preguntarnos entonces: ¿Existe alguna particularidad en la realización de estos delitos cometidos por mujeres que la diferencie de los delitos cometidos por hombres?

En las motivaciones no podemos establecer grandes diferencias. Al ser hombres y mujeres integrantes de los sectores populares, podemos señalar que las violaciones a la ley se deben a la necesidad cotidiana de sobrevivencia, no obstante existen algunos facilitadores y elementos característicos en la transgresión femenina.

Como hacíamos referencia anteriormente, los oficios desarrollados por las mujeres requieren de un grado de cercanía con sus patrones: las mujeres entran a sus casas, tienen acceso a espacios íntimos de las familias a las cuales sirven, como cocineras o amas de casa desarrollan una relación cotidiana con quienes las emplean y, por lo tanto, deben ser depositarias de confianza.

El caso de don José Narciso García en contra de María Candelaria Avilés por robo nos puede dar algunas señales. Tras presentar una lista de objetos, entre ellos muebles,

---

159   ANJL, 1880, legajo 21, pieza 17.

160   Ibíd.

161   ANJL, 1878, legajo 16, pieza 12.

ropa y documentación, don José García acusa a María Avilés de robar en su casa cuando él no estaba y señala que

> el día 14 del corriente salí a practicar algunas diligencias de mi oficio a distintos puntos de este departamento. Quedando en mi casa habitación Candelaria Aviles con sus hijas Nieves y Maria Canales, a quienes he proporcionado alimento, vestuario y casa desde abril del presente año, sin otro interés que el de atenderme en el cuidado de mi persona e interés. La expresada candelaria Aviles y sus hijas, aprovechándose de mi ausencia, i de la confianza con que les honraba, me sustrajeron furtivamente sin mi consentimiento, los objetos que enumera la nómina que acompaño[162].

El expediente nos muestra una serie de situaciones particulares en relación con la perpetración de delitos por parte de las mujeres: primero, cómo las inculpadas logran ganarse la confianza de quien será posteriormente el agraviado con el robo de sus pertenencias, esta es una situación bastante común a los delitos perpetrados por mujeres. En una gran proporción, ellas roban especies en las casas donde residían en calidad de acogidas o como sirvientas, es cierto que los robos en general son de baja monta, pero evidencian la particularidad del accionar femenino, en relación con que su condición de mujer les otorga grados de confianza o de lástima por parte de quienes luego las acusarán frente a la justicia.

El caso particular de José García no corresponde a un robo de baja monta, sino todo lo contrario, entre las pertenencias robadas están una mesa, sillas y hasta un colchón. El desparpajo con que actúan estas mujeres queda en evidencia cuando el demandante las acusa de haber engañado a la lavandera sustrayéndole también su ropa blanca. Las acusadas a pesar de los requerimientos de la justicia no devuelven los objetos a su dueño y acuden a un prestamista para empeñar parte de ellos.

Una de las formas que tiene el demandante para deslegitimar los testimonios de la defensa es la descalificación moral de las acusadas y sus testigos. Aquí las acusaciones de «vaga», «mujer de dudosa reputación», «de poca moral», «ha estado presa otras veces», «su casa es de mala reputación» son frecuentes y, aunque la mayoría de ellas no son prueba de delito, sí significan un argumento válido para quien está demandando, siendo incluso en algunas ocasiones el único argumento. Así José García en causa contra dos mujeres que vivían en su casa en calidad de recogidas, señala:

> Ha llegado hasta mi la noticia de que estas personas insisten en distraer la atención de VS con nuevas querellas consevidas con el propósito de conseguir algún vejamen en mi persona; i como pudiera suceder que la maledicencia de esta jente llegara hasta el punto de presentar testigos falsos de esos que quienes están en continuas remoliendas y saraos,

---

[162]   ANJR, 1877, legajo 753, foja 2.

de esos que las patrocinan y amparan en sus fines poco comunes i aceptables, creo mi deber hacer presente a VS lo ocurrido respecto de la nueva querella[163].

La querella a la que se refiere el demandante, que según él fue presentada por las acusadas en su contra, se refiere a una acusación que hicieran las mujeres frente a la justicia por ofensas y agresiones. Sin embargo, José García detalla cómo fue víctima de una trampa cuando les exigió a las mujeres que le devolvieran aunque fuera sus pertenencias más íntimas y los papeles de trabajo:

> Estas contestaron que pasara a recibirlos personalmente i el día que pasé con tal objeto no solo se negaron, sino que me contestaron mal, i salieron a la calle gritando i diciendo que yo trataba de faltarles i de quitarles un vestido que les había dado a una de ellas, con este antecedente invadio la puerta de la calle un músico o soldado que vive en la misma casa y que continuamente las ayuda en sus malos procedimientos. Este individuo con una mujer a quien no conozco, me interceptaron la salida con mano armada, i al menor descuido me arrebató el baston i lo condujo a la policía, aludiendo que había intentado ofenderle[164].

Las mujeres optan por presentarse como víctimas ante el juez, víctimas de ofensas que serían propinadas por el demandante, así ellas no se defienden de la acusación alegando inocencia, sino utilizando su calidad de mujeres solas e indefensas agredidas por un tercero.

Si bien estas mujeres han desarrollado mecanismos de subsistencia al margen de la moralidad y la legalidad impuesta por la elite, no dudan en utilizar dicha moralidad para ampararse. «Ha intentado faltarme», «tuvo intención de ofenderme». Estas acusaciones tienen un componente sexual, la transgresión moral del hombre hacia una mujer cuyo honor ha intentado ofender, por esto la agredida reclama la exculpación de su propio delito a través de la acusación que hace a quien en primera instancia la demandó. En el análisis de las declaraciones y del actuar de las acusadas, nos percatamos de la existencia de un doble discurso de las mujeres pertenecientes al mundo popular. Por una parte, el discurso público que apela a la moral dominante, y por otra, el discurso oculto que sustenta la transgresión, que aposenta bandoleros, que traiciona a los patrones y que no duda en amancebarse con un hombre de su misma condición[165].

La condición de género les permite a las acusadas perpetrar el delito y defenderse de las acusaciones; primero, la confianza depositada sobre ellas como recogidas y asistentes del demandante les ofrece la posibilidad de realizar el robo dentro de la casa

---

[163]   ANJR, 1877, legajo 753.

[164]   Ibíd.

[165]   El mundo popular construye discursos propios, pero utiliza en caso necesario los discursos construidos desde el poder, esta situación de sumisión aparente y transgresión soterrada es desarrollada en el texto de James C. Scott, *Los dominados y el arte de la resistencia*.

sin siquiera forzar cerraduras y, en segundo término, su condición de mujer las hace presentarse como víctimas de agresiones y malas intenciones por parte de quien ha sido en realidad la víctima.

Al tratar de indagar en la especificidad de la transgresión femenina en el ámbito rural decimonónico, nos encontramos con elementos muy particulares respecto a los delitos allí cometidos, una manifestación clara de ello es el robo de animales o abigeato. Rosario Sánchez, junto con José Araya e Ignacio Donoso serán acusados por don Guillermo de la Cuadra por haberle vendido unos bueyes que el presume robados[166]. Los sucesos se desencadenan cuando Rosario acude a la casa de de la Cuadra en compañía de un hombre a entregarle unos bueyes que le tenía ofrecidos para la venta, el pago se hizo por adelantado, posteriormente otro hombre acude a dejar otros bueyes a la misma propiedad completando un número de siete bueyes.

Posteriormente, José Balerio Muñoz víctima de robo de animales reconoce los bueyes como suyos y los testigos presenciales reconocen a dos hombres que se encontraban en la casa de Rosario Sánchez como los involucrados en la venta ilícita. Sin embargo, los hombres señalan que solo acudieron a la casa de Sánchez con el fin de recoger unas mantas que esta les iba a tejer. Frente a lo anterior la acusada se defiende de las acusaciones de De la Cuadra señalando:

> Supongo que el tal Cuadra me levanta un testimonio falso atribuyéndome que le he vendido bueyes; tal vez por el motivo de no apoyarle que viva en relaciones ilicitas con una sobrina mía[167].

Una vez más un ataque de carácter moral le sirve a esta mujer para evadir o justificar los motivos de una acusación en su contra, la actitud de intachable moralidad que pretende demostrar y la presión a lo ilícito por parte del demandado serán su argumento frente a los testigos de la parte querellante.

Una testigo que participó en los hechos declara haberle preguntado a la Sánchez de donde saco los bueyes a lo que esta le contestó

> que eran de un caballero hacendado que habia tenido un hijo con ella, habia ido a pedirle plata i no habia querido darle, i por esta razón había visto unos hombres para que le robaran bueyes[168].

El testimonio recoge una clara particularidad de la transgresión femenina que vincula elementos de moralidad, relaciones privadas y de subsistencia.

Con respecto a las sentencias, Miren Ortibai, en el artículo ya citado, nos plantea la diferenciación que históricamente ha hecho la ley a la hora de penalizar los delitos

---

[166]   ANJR, 1869, legajo 735.

[167]   Ibíd., foja 3

[168]   Ibíd., foja 7

perpetrados por mujeres. Esta señala que «si se trata de delitos "masculinos" con un fuerte componente de agresividad, en general existe una menor imputabilidad, se considera a la mujer irresponsable, con capacidades mentales limitadas, como seres a tomar a cargo (al igual que a los menores). Mientras que si se trata de delitos "menores" se aplica a las mujeres más prisión preventiva, se endurecen las medidas penales»[169]. Esta situación la podemos graficar a partir de los siguientes hechos:

> En merito de lo expuesto y valorizando en dos pesos las especies hurtadas (8 botellas de vino, ya que lo otro no se pudo comprobar) condeno a Pastoriza Rodríguez a catorce meses de prision contados desde el ocho de abril próximo, fecha de su aprehensión[170].

> Vistos: Dice que efectivamente la Sánchez fue al molino de Don Juan Antonio Pardo a vender el mencionado reloj, el cual dejo empeñado en el poder de Gilbert. En esa virtud y de conformidad a la ley [...]. Condeno a la mencionada reo a seis meses de prisión (urbano) contados desde el día de su aprehensión.

> Cúmplase[171].

El análisis de los casos nos lleva a preguntarnos el por qué de la aplicación de penas tan grandes para delitos que no significan una gran transgresión ni daño a la propiedad, se trata más bien de pequeños robos y hurtos que en muchos de los casos ni siquiera son posibles de comprobar. La razón de esto es que frente a los delitos mayores la justicia y el imaginario social solo conciben que dicho acto fuera cometido por una enferma, pues no está en la condición de la mujer cometer dichas aberraciones que faltan a su naturaleza. Sin embargo, en el caso de delitos menores como hurto, aposentamiento de bandidos, venta de objetos robados u otros, se considera a la mujer como transgresora de la moralidad y valores que como madre y esposa debiera resguardar. Su condena por tanto, no es solo una condena penal sino moral y social. El rompimiento de las expectativas sociales sobre su papel, implica que en delitos menores se les aplique menos atenuantes y por lo tanto una mayor penalización.

Como señalamos en el inicio de este trabajo, los sectores populares transgreden los patrones culturales, morales y legales impuestos por la elite, en esta transgresión van construyendo su propia identidad reñida lógicamente, con la identidad que pretende difundir la elite. En el caso de las mujeres es más evidente aún, porque el patrón conductual a seguir está cargado de exigencias morales de género que se asumen como naturales. La bondad, la caridad, la sumisión no son elementos siempre existentes en las conductas femeninas populares, la misma necesidad de ganarse la vida impide que esta

---

169   Ortubai Miren, «¿Incorporación de la mujer al delito?, en *Ekinntza Zuzena, Revista Libertaria* núm. 18.

170   ANJL, 1874, legajo 9 pieza 11.

171   ANJL, 1871-1872, legajo 6, pieza 21.

mujer cumpla con el ideal de género de la elite. Sin embargo, más allá de la necesidad y la urgencia por la subsistencia, la propia mujer popular buscaba formas de expresión y de conductas que la diferenciaban radicalmente con las señoras y señoritas de la elite, pues al parecer no comparten su ideal moral. Esto queda de manifiesto cuando escapan de la casa donde se le ha acogido, roban a quienes se supone deberían rendir obediencia y servilismo y se vinculan en relaciones ilícitas con quienes son perseguidos por la ley.

Las conductas de los sujetos populares femeninos se asemejan más a sus compañeros de clase que a sus compañeras de género que actúan como patronas, protectoras y modelos de virtud, y si en más de una ocasión hacen alusión a la moral femenina ideal, no es para incorporarla a sus vidas, sino para utilizarla como excusa o defensa frente a alguien que las quiera atacar[172].

En el análisis de las declaraciones podemos evidenciar cómo el discurso público de las transgresora adquiere un tinte institucional, respetuoso de los códigos y normas de la moral reinante, no obstante el discurso oculto, aquel que no se dice y que solo es posible de leer a través de sus actos, nos dice otras cosas. Nos habla de su poco respeto a los cánones religiosos cuando decide amancebarse con un gañán o cuando presta apoyo, refugio, comida y cama a un bandolero.[173] Nos señala lo poco sumisa que es cuando roba a su patrón, el mismo que la recogió por lástima y al que se supone debe una lealtad infinita[174] y el poco apego a las llamadas buenas costumbres cuando es acusada en varias oportunidades de vender objetos robados valiéndose de un sinfín de argucias para evitar ser condenada[175].

Creemos que estamos en presencia de lo que Scott[176] denomina discurso oculto, un cuerpo de códigos y conductas propias que van conformando la rebeldía y que emergen cuando, por ejemplo, la elite se enfrenta entre sí. En esos momentos salen a la luz los elementos que nutren esa rebeldía soterrada, es en ese contexto favorable cuando se evidencian y, aunque pareciera que surgen visceralmente, lo cierto es que se han preparado en la transgresión constante y cotidiana y, por lo tanto, son aprendizajes desarrollados en su constitución misma como sujetos populares.

---

[172] Como el caso en el que el denunciante es acusado de intentar tener relación ilícita con la denunciada y por ello se justifica la acusación.

[173] ANJL, 1880, legajo 21, pieza 17.

[174] ANJR, 1877, legajo 753, foja 2.

[175] ANJL, 1871, legajo 6, pieza 21.

[176] Scott, *Los dominados y el arte de la resistencia*.

El bandolerismo fue durante el siglo XIX de nuestro continente la más importante expresión de violencia social popular en el ámbito rural y, como tal, ha sido interpretada bajo diversas matrices. Las más recurrentes han sido las visiones que ven este fenómeno como parte de los procesos de resistencia a las transformaciones desarrolladas por la modernidad sobre el espacio social campesino[177]. Dentro de esta interpretación hay diferencias, algunos estudios han indagado sobre las acciones de bandolerismo social[178] vinculando las transgresión con motivaciones políticas, venganza u honor[179]. En otros casos, el análisis está más matizado, señalando que la acción del bandolerismo si bien se enmarca en los mismos procesos descritos por Hobsbawm, para América Latina no podemos hablar de un Robin de los bosques o de un vengador. Lo que sí, a juicio de estos autores, es posible señalar es que el bandolerismo es un fenómeno de violencia social que responde a las características de rebeldía de la sociedad campesina y que, por lo tanto, se presenta como una de las formas de contestación u oposición de esta colectividad al avance del liberalismo en sus expresiones políticas[180] y económicas.

---

[177] La revisión más detallada de las interpretaciones que existen sobre el bandolerismo en Europa está desarrollada en el primer capítulo del presente estudio.

[178] Con bandolerismo social nos estamos refiriendo al concepto desarrollado por Hobsbawm, en el cual identifica esta acción de violencia social con algunas características que las diferencia de las que cometen los delincuentes comunes: la motivación basada principalmente en la defensa del honor, la tradición, la venganza o la exclusión. La formas que adquiere su actuar no atacando a su propia clase y evitando los hechos de sangre. Finalmente, los vínculos que tienen con su comunidad, convirtiéndose en héroes y representantes de las aspiraciones de su gente y, por lo tanto, logrando la complicidad y la protección de esta.

[179] Un ejemplo de este tipo de enfoque es el estudio realizado por Hugo Chumbita, *Jinetes rebeldes. Historia del bandolerismo social en la Argentina* (Buenos Aires: Vergara Editores, 2000). Para el caso chileno ver el texto de Ana María Contador, *Los Pincheira. Un caso de bandidaje social. Chile, 1817-1832.*

[180] En relación al carácter tradicionalista del bandolero podemos establecer una nueva discusión, si bien el bandolerismo se ve como un proceso de recate de la tradición, el vínculo que existe entre bandidos y transformación política no es homogéneo para toda América Latina ni para todos los momentos. Mientras que en Chile se identifica a la guerrilla bandolera principalmente con la reacción realizada en el proceso de independencia. Véase Contador. En Cuba, el bandolerismo estaría asociado a los

En los estudios hechos para Chile, el concepto de bandolerismo social es bastante discutido. Los trabajos específicos realizados, que incluyen unas pocas publicaciones y varias tesis inéditas[181], se refieren a este como un fenómeno delictual, al que, aunque inserto en un proceso de cambio estructural, no es posible atribuirle las motivaciones y características que tiene la acción del bandolero social[182].

Desde la óptica interpretativa del presente estudio, caracterizamos entonces el bandolerismo como una de las manifestaciones de violencia social popular que se desarrolla en el espacio rural durante el proceso de transformación vivido por la sociedad chilena durante el siglo XIX, proceso que definimos como modernización.

Esta situación de cambio no solo atañe al campo chileno, sino a todos los espacios del país. En este proceso de cambio, según Igor Goicovic, «los sectores populares intervinieron recurrentemente de manera violenta» y

> la violencia por ellos desplegada pone de manifiesto que sus formas de relación con el estado y con las élites dominantes estuvieron permanentemente conflictuadas. En ese contexto, la expresión más radical de resistencia cultural fue el levantamiento social. Las características específicas de esta manifestación violenta corresponden a tres fenómenos clásicos, los cuales, obviamente, no suponen exclusividad. Nos referimos al motín urbano, al levantamiento minero y al bandolerismo rural[183].

Si las formas que adquirió la resistencia a la modernización en el espacio nacional fueron diversas, esta diversidad también se expresó en el espacio rural. Es así como entre las manifestaciones de violencia social popular en el espacio rural podemos identificar por lo menos tres: el bandolerismo, la delincuencia ocasional y las montoneras. Sin embargo, de estas, solo las montoneras corresponden a manifestaciones coyunturales desarrolladas en este periodo, pues la delincuencia ocasional y el bandolerismo son fenómenos de tan larga data como los fenómenos de transformación en el campo[184].

La modernización en el campo no adquiere las mismas características ni los mismos ritmos que en el espacio urbano:

---

revolucionarios independentistas. Véase Imilcy Balboa Navarro, *La protesta rural en Cuba. Resistencia cotidiana, bandolerismo y revolución (1878-1902)* (España: CSIC, 2003).

[181] Véase Valenzuela, *Bandidaje rural en Chile central. Curicó, 1850-1900*; Bersezio, «Bandolerismo en Rancagua. 1850-1890»; Cortez, «Delincuencia, redes sociales y espacios en la vida cotidiana rural de Chile central. Valle de Aconcagua, 1820-1850»; Valdés, «Historia social de la delincuencia y el bandolerismo en la provincia de Concepción 1835-1860»..

[182] Como ya hemos señalado, la excepción corresponde al texto de Ana María Contador.

[183] Goicovic, «Los escenarios de la violencia popular en la transición al capitalismo».

[184] El proceso de transformación del espacio rural chileno solo está enunciado en el presente capítulo a modo de introducción, ya que está desarrollado con más profundidad en el segundo capítulo del presente estudio.

La envergadura y profundidad de estos cambios es desigual; y ello, a su vez, da cuenta de diferentes ritmos históricos. Tienden a acelerarse en el ámbito urbano y minero y a ser más lentos en los distritos rurales; afectan de manera más radical a las clases subalternas que a las élites de poder; desmontan la institucionalidad política de forma más expeditiva que la base económica; y se expresan más claramente en las formas externas de la cultura que en sus contenidos[185].

Las manifestaciones de violencia social popular, entonces, podemos situarlas en el contexto de profundización de la modernización ocurrida en la segunda mitad del siglo xix. Sin embargo, no podemos señalar que son privativas de este momento, es más, las acciones de bandolerismo son una constante en la sociedad tradicional que comienza una lenta transformación en el ocaso del periodo colonial, pero, no obstante esta permanencia, el fenómeno adquiere relevancia por su expansión durante los momentos de crisis[186].

Insistiremos en una afirmación central para la presente investigación. Creemos que uno de los problemas que tiene el estudio del bandolerismo en Chile es que define la acción y no el sujeto. En este sentido, bandolerismo sería el robo de animales o abigeato y el salteo, entrando así en la categoría de bandolero todo aquel que comete estas acciones. Sin embargo, un análisis detallado de las fuentes nos indicarán que muchos de estos supuestos bandoleros son personas que han delinquido por primera vez o muy esporádicamente. Incluso en algunos casos, a pesar de ser juzgados como bandoleros, son solo cómplices de la acción o reducidores de los robos; en definitiva, no se dedican a la acción delictual cotidianamente, sino que delinquen esporádicamente impulsados por la necesidad o la oportunidad.

Buscando definir al bandolero, diremos entonces que es aquel sujeto que se dedica en forma permanente al salteo, el abigeato y el hurto y que, por lo tanto, adopta esta acción como forma de subsistencia. El bandido como delincuente habitual comparte una serie de códigos, conductas y valores con sus pares, es decir, crea una cultura al margen de la que establece la clase dominante, la que violenta, transgrede e irrespeta. No obstante, los bandidos son parte de la comunidad popular campesina y

---

185   Goicovic, «Los escenarios de la violencia popular en la transición al capitalismo», 77.

186   Los estudios sobre la colonia dan cuenta que el bandolerismo es una acción de transgresión presente en todo el periodo; en dicho momento, los indios, los negros libertos y las sociedades de frontera son las más proclives a este tipo de manifestación, lo que se puede entender entonces como una manifestación de marginalidad que en el periodo de crisis del orden tradicional se hace epidémico. Véase para el caso peruano: Carmen Vivanco Lara, «Bandolerismo colonial peruano: 1760-1810. Caracterización de una respuesta popular y causas económicas»; Alberto Flores Galindo, «Bandidos de la costa», y Ward Stavig, «Ladrones, cuatreros y salteadores: indios criminales en el Cuzco rural a fines de la colonia», en Carlos Aguirre y Charles Walker (eds.), *Montoneros, abigeos y malhechores. Criminalidad y violencia en el Perú, siglos xviii-xx*. Para el caso chileno, véase Mario Góngora, «Vagabundaje y sociedad fronteriza en Chile (siglos xvii a xix)» (Santiago: Cuadernos del CESO, 2, 1966).

comparten también con esta los procesos de transformación desarrollados en el campo chileno, así como la vivencia cotidiana de la violencia, ejercida verticalmente por la institucionalidad, la moralidad y la explotación y, horizontalmente, por sus propios pares que, en el ejercicio de las relaciones cotidianas, privadas y públicas, transgreden y violentan el orden.

Si lo vemos desde el poder, el bandolero es un delincuente de oficio, que en su actuar quebranta la ley y la moralidad, que no se integra a la estructura productiva del país y, por lo tanto, que resuelve el problema de la subsistencia a través del delito. Sin embargo, si lo vemos desde la construcción de la identidad popular, el bandolero es un transgresor social, un sujeto que es consecuencia de la existencia de la subordinación, representa la imposibilidad del acceso a la tierra por parte del campesinado pobre y, como alternativa, construye una cultura que violenta la propiedad.

La sociedad popular campesina genera internamente un discurso oculto que niega la cultura oficial. En ocasiones la usa, como las mujeres que se presentan como víctimas en los juzgados o los hombres que atribuyen las acciones delictuales cometidas a la borrachera o el hambre, pero en sus conductas cotidianas e interclasistas despliegan sus propias formas de relación. Lejos de la norma impuesta, la violación de la ley, el juego y la fiesta se vuelven parte de lo que en público se niega y en privado se hace.

La revisión de los archivos criminales nos deja como evidencia que las causas de bandolerismo no abundan. Además, cuando se refieren a delitos como salteo o abigeato tradicionalmente asociados al bandolerismo, nos damos cuenta de que los sujetos a los que se está acusando no son bandoleros, sino trabajadores, integrantes de la comunidad que no se dedican al salteo sino que han hecho un robo menor, han reducido especies o han sido cómplices de la acción. Por lo tanto, el relato que obtenemos mayoritariamente de los archivos judiciales se refiere a situaciones coyunturales y no necesariamente a actos de bandolerismo.

Es por eso que la propuesta aquí es que, complementario a los juicios descritos en los archivos criminales, se utilicen archivos de intendencia y de gobernación. En estos, en el apartado de comunicaciones de la policía o de informes al ministerio, se relatan los acontecimientos ocurridos en la zona de jurisdicción, lo que permite conocer en detalle los acontecimientos delictuales sufridos por la comunidad.

La problemática que se nos presenta es que no existe un testimonio directo de quienes ejercen la acción bandolera. En el caso de los archivos judiciales, la mayoría de los sujetos atrapados no son bandidos, sino delincuentes ocasionales y, cuando efectivamente un bandido es atrapado y declara en el juicio, lógicamente niega o enmascara las razones de su delito.

En el caso de los archivos de intendencia y gobernación, solo existe una descripción del hecho relatado por las víctimas o testigos y, por lo tanto, en ellos no existe ningún relato del acusado, ni siquiera mediatizado por el poder. La propuesta entonces es utilizar estas fuentes para la caracterización del delito y, a través de la identificación de formas de acción, grados de violencia, tipo de sujetos que las realizan, víctimas y botines, poder levantar una interpretación respecto a cuáles son los vínculos que estos sujetos tienen con la comunidad popular campesina y comprobar si son o no parte de la cultura alterna que construye el mundo popular como respuesta a la subordinación.

Estas mismas fuentes se pueden complementar con otras, como, por ejemplo, las leyes decretadas para reprimir el fenómeno del bandolerismo, las medidas tomadas por la policía o los vecinos y las penas aplicadas a los sindicados como bandidos. En relación con esto, Moreno y Bertrán nos señalan que el historiador «debe valorar la criminalidad desde la perspectiva del discurso que la sociedad de su tiempo forja de la misma»[187] y, por lo tanto, una lectura más amplia nos llevará a entender qué tan importante era el fenómeno en la sociedad decimonónica chilena y si esta situación, presente ya en la colonia, adquiere, efectivamente, características de epidemia en el periodo estudiado.

Los números

Los estudios realizados en Chile sobre el bandolerismo han contribuido de manera importante a cuantificar el fenómeno. En este sentido, no nos queda más que corroborar lo que las estadísticas señalaron como conclusión para los estudios aludidos, es decir, que en los delitos contra la propiedad predomina ampliamente el hurto, luego el abigeato y finalmente el salteo.

Distribución en porcentajes de los delitos contra la propiedad

JUDICIAL DE	HURTOS	ABIGEATOS	SALTEOS
Linares (1856-1870)	65 %	20 %	15 %
Concepción (1850-1870)	45 %	41 %	14 %
Nacimiento (1860-1870)	37 %	60 %	3 %

Elaboración propia a partir de los datos recopilados en el Archivo Nacional.

La particularidad de Nacimiento tiene que ver con que este es un espacio donde la presencia de comunidades indígenas es mayoritaria, lo que amplía la cantidad de abigeatos debido al arraigo que tiene en este pueblo el tráfico de animales, no así el hurto, por la concepción diferente que existe sobre la propiedad privada. En este mismo espacio, la cantidad de juicios aumenta en forma considerable con el

---

[187] Doris Moreno y José Luis Bertrán, «Justicia criminal y criminalidad en la Cataluña moderna», en Carlos Barros (ed.), *Retorno del sujeto*, vol. 2, 103-115.

transcurso del tiempo, especialmente desde 1864 en adelante. Una interpretación es que la incorporación de esta zona en forma efectiva al control del Estado desde los años sesenta permitió un grado cada vez mayor de regulación, lo que significa que el aumento de los juicios no necesariamente implica un aumento de los delitos. La otra interpretación es que la mayor presencia mestiza trastoca las características de la sociedad indígena y esto genera una mayor delictualidad[188].

Para el resto de los espacios revisados (Concepción, Linares, Talca, Ñuble, Maule), no existe un aumento considerable de los delitos en el transcurso que va desde 1850 a 1870, sin embargo, en la revisión de los documentos de intendencia, las comunicaciones sugieren el aumento de la inseguridad en el campo debido al aumento explosivo de los salteos.

> Quirihue, agosto 26 de 1856
>
> Se ha recibido la nota de VS fecha 18 del corriente por la cual faculta a este gobierno para aumentar con cuatro soldados la guardia de esta carcel, providencia urgente por el numero de reos que han entrado últimamente a ella, i a la cual se le ha dado inmediatamente cumplimiento»

Similar preocupación demuestra la autoridad en el siguiente comunicado.

> Quirihue, agosto 3 de 1857
>
> Se ha recibido la nota de VS fecha 27 de julio último en la que se me previene tomar algunas medidas para impedir los frecuentes salteos que se ejecutan en la provincia, principalmente la de patrullar los campos todas las noches recorriendo los puntos más peligrosos. Providencias análogas se han puesto en practica por el que suscribe sin que hasta ahora hayan sido suficientes[189].

En los números, la situación no se ve tan grave: por lo menos, hasta 1859, las comunicaciones de las gobernaciones a la intendencia ni siquiera hablan de la perpetración del un salteo mensual y, si bien las autoridades exigen a menudo mayores recursos para poner atajo a la seguidilla de asaltos, no hay evidencias que expresen el aumento de delitos o que hablen de una situación caótica en el campo. Las autoridades de las subdelegaciones daban cuenta al intendente de los sucesos anómalos ocurridos durante un periodo determinado y, en esas comunicaciones, podemos hacernos una idea de cuáles eran las dimensiones de la problemática delictual del campo chileno.

---

[188]   Para un comprensión de los procesos vividos en la zona, véase Leonardo León, *Araucanía, La violencia mestiza y el mito de la «pacificación», 1880-1900 (Santiago:* Universidad Arcis, 2005).

[189]   Archivo Nacional, Intendencia del Maule, departamento de Itata, 1855, vol. 101,

Por ejemplo, el subdelegado de San Miguel, que forma parte de la Intendencia de Ñuble, señala que en el último mes de septiembre de 1850 han ocurrido: «Robos dos, uno de ganado menos i otro de una vaquilla, igual salteos, Igual heridas y multas»[190].

Carlos Aguirre señala que, para el Perú, los casos de salteo se vieron incrementados en los años posteriores a la guerra de independencia y a los procesos de guerras civiles, lo mismo que ocurriría con el volumen de las bandas y los recursos que cuentan estas luego de terminados los conflictos[191]. Creemos que esta situación también es válida para el caso de Chile, sobre todo para la guerra civil de 1859, donde la participación de montoneras fue más numerosa. Así, una gran cantidad de armas y recursos quedaron en manos de quienes formaron montoneras, lo que otorgaría a estos grupos de salteadores recursos suficientes para perpetrar los delitos. Por otro lado, no solo recursos materiales quedan luego de la guerra, también la experiencia acumulada en los ataques de la guerrilla, sobre todo para quienes integraban por primera vez dichos contingentes.

Los hechos

Si bien el abigeato es un delito que es sindicado comúnmente como representativo de los bandidos, el salteo lo es aún más. Esto porque en los casos estudiados, muchos de los robos de animales fueron protagonizados por sujetos que delinquían por primera vez y que no podrían ser catalogados de bandoleros de oficio. Sin embargo, el salteo implica un grado de organización, coordinación, uso de la violencia, manejo de armas y conocimiento del entorno que es difícil para un delincuente ocasional y que, por lo tanto, suponemos que es cometido por un sujeto dedicado al bandolerismo[192].

El momento para cometer el delito de salteo era la noche. De los informes de gobernaciones e intendencia revisados, el 100 % de los casos de salteo son realizados luego de que el sol se oculta. La oscuridad, la falta de vigilancia, la inexistencia de testigos y la actitud de reposo de las víctimas son aprovechadas por las bandas de salteadores para perpetrar el atraco. Lo anterior queda de manifiesto en el siguiente relato:

Tinguiririca, octubre 18 de 1851

En este distrito anoche como a las doce de la noche avenido una partida de salteadores con arma de fuego i sable acometiendo contra la existencia del vecino don Juan Cuebas[193.]

---

[190]   Archivo Nacional, Intendencia de Ñuble, 1850, vol. 3.

[191]   Aguirre, «Cimarronaje, bandolerismo y desintegración esclavista. Lima, 1821-1854».

[192]   Cortez, «Delincuencia, redes sociales y espacios en la vida cotidiana rural de Chile central. Valle de Aconcagua, 1820-1850».

[193]   Archivo Nacional, Intendencia de Colchagua, 1851, vol. 28.

La hora elegida para actuar era entre las once y la una de la madrugada, «en una actitud de protección y ocultamiento»[194], que generalmente permitía retardar la acción de defensa por parte de los asaltados, pues muchos de ellos ya se encontraban durmiendo. Este es el caso de un salteo que afectó a Pedro Neira, según el afectado:

En este momento que resan las once o doce de la noche ha sido en mi conocimiento que don Pedro Neira, viviente en el valle de Ronquen ha sido sorprendido por una partida de cuatro salteadores que se aproccimaron a su casa, que cuando sintió neira dentro de su piesa fue cuando ya estaban en la batalla con un nieto de este llamado Dionisio Montesinos que se encontraba recogido durmiendo en el corredor de la casa[195].

Si bien la mayoría de los asaltos nocturnos se perpetraban sobre las casas, los caminos eran muy peligrosos para quienes se atrevían a transitarlos.

En santa María subdelgeación de Lircay a veinte i seis días del mes de febrero de mil ocho sientos sincuenta y dos años, acomparecido Cayetano Ramos haciendo presente que anoche han salteado en los llanos de Lircay a Dolores Mondaca peón que mandó pagar dose fz de trigo a don León Urzua y se lo quitaron tres ombres de apie con sable. Que en la noche antes abian salteado otro carretero de Santiago Sepúlveda de Guencueltro que le quitaron cuatro sacos un costal de carnero con media fanega un lazo colchado y el pasador de los bueyes. Para esclarecer estos echos y puedan declarar las personas savedoras levanto este parte ante testigos en el día de su fecha por el presente subdelegado[196].

En los archivos judiciales no siempre se evidencia la hora de los salteos, pues los sucesos han tenido curso un buen tiempo antes y, por lo tanto, los detalles son menos que en los informes de intendencia y gobernación, que se levantan en el momento mismo del suceso. Aun así, en la mayoría de las declaraciones en que se señala la hora del delito queda en evidencia que este ha ocurrido por la noche, una característica que solo tiene el salteo, pues el abigeato y el hurto menor son perpetrados indistintamente en la noche o a plena luz del día.

Importante es señalar que una causal para dejar sin efecto una acusación o sobreseer la causa es la falta de testigos que la corroboren y, para esto, la noche se transforma en un gran aliado, ya que la inexistencia de gente en los alrededores de las moradas asaltadas permite que solo las víctimas sean testigos del hecho, lo que es insuficiente para que los perpetradores sean condenados.

Se ha seguido este sumario con motivo de un salteo que se hizo a Jose María Gutierrez en el lugar la rinconada, departamento de Lontue, la noche del 10 de abril ultimo, hiriendo tambien al ofendido. Se ha procesado a Manuel Gutierrez, José Salvador Acevedo,

---

[194]   Valenzuela, *Bandidaje rural en Chile central. Curicó, 1850-1900*, 81.

[195]   Archivo Nacional, Intendencia del Maule, 1855, vol. 101.

[196]   Archivo Nacional Judicial de Talca (en adelante ANJT), 1852, vol. 727, foja 14.

FerminPerez i Juan Araya militando en contra de los tres primeros solo el testimonio del ofendido que espresa haberlos conocido entre los malhechores: ni ese antecedente obra contra el último que ha sido encarcelado. Y no habiendo modo de adelantar mas el sumario, sobresease hasta que aparezcan nuevos datos[197].

De los casos revisados en el Archivo Judicial de Talca entre los años 1853 y 1863, el 49 % fue sobreseído por falta de méritos o porque el único testigo era la víctima; solo un 3 % de ellos fue cerrado por demostrar inocencia, incluso, en causa contra Juan Alberto Gutiérrez, acusado de robar una yunta de bueyes, a pesar de haber confesado el delito extrajudicialmente, al no haber testigos y pruebas del hecho, fue absuelto y dejado en libertad[198].

El espacio público es donde se manifiestan las acciones de violencia social; en el caso del ámbito rural serían los lugares alejados como orillas de los ríos y los caminos los preferidos por los delincuentes de oficio para perpetrar los delitos[199]. No obstante, creemos que los caminos y los lugares públicos son más bien el espacio para la acción de los delincuentes ocasionales, aquellos que se encuentra, con la oportunidad, mientras que los salteadores habituales prefieren las casas[200].

Esta situación la corrobora la muestra analizada que deja como evidencia que, mayoritariamente, los robos son perpetrados en las casas y solo en un par de situaciones se habla de salteo en los caminos, uno de ellos a una carreta. Es posible pensar que las bandas numerosas prefieren asaltar las casas debido a que ahí se encuentra una mayor cantidad de bienes, mientras que los caminos rara vez presentan las condiciones propicias para que se produzca un salteo cuantioso. Primero, porque son transitados en el día preferentemente, lo que elimina una de las condiciones que facilita un salteo: la oscuridad. Además, quienes se atreven a salir sin luz de día son aquellos que no significan un gran botín para un salteador; son los pobres los que merodean en las noches, sobre todo después que comienza a crecer la alarma de la gran cantidad de facinerosos que pueblan los campos[201].

---

[197]   ANJT, Juicio por salteo contra Manuel Gutiérrez y otros, 1862, vol. 767, foja 13.

[198]   ANJT, 1862, vol. 767, foja 12.

[199]   Ángel Rodríguez, «La historia de la violencia: espacios y formas en los siglos XVI y XVII», en Carlos Barros (ed.), *Retorno del sujeto*, vol. 2, 117, 118.

[200]   Ana María Contador, para el estudio sobre el bandolerismo en los primeros años de la independencia distingue estos dos espacios de transgresión. Es necesario señalar que la profundidad y extensión del conflicto de la independencia genera condiciones que son imposibles de asimilar para cualquier otro momento, mientras Valenzuela Márquez diferencia entre quienes realizan robo de animales y salteos a mano armada, señalando que los sujetos que evidenciaban mayor situación de desarraigo se dedicaban a estos últimos.

[201]   Los comunicados de los departamentos solicitan a menudo aumento de la dotación policial, para enfrentar la ola de asaltos.

Intendencia del Maule[202]

Fecha del suceso	Hora del suceso	Número de asaltantes	Lugar del salteo	Botín.
14 de julio, 1855	En la noche	12	Casa	Tres mil pesos en oro y plata
26 de julio, 1855	En la noche	5	Casa	Quinientos y más pesos
5 de diciembre 1855,	En la noche	12	Casa	Dinero, prendas calculado 600 pesos
28 de marzo, 1856	8 de la noche	8 a 10	Casa	Treinta onzas de oro sellado, quinientas fanegas de trigo y varias prendas
10 de abril, 1856	Una de la mañana	12 a 14	Casa	Nada, son repelidos
16 de noviembre, 1856	Once o doce de la noche	4	Casa	Nada, son repelidos
6 de julio, 1857	Diez de la noche	7 a 9	Casa	Algunos almudes de legumbres

Los salteos se realizan en general por bandas numerosas que irrumpen violentamente sobre una morada o interceptan a la víctima en algún camino rural. Los grupos de salteadores se componen de entre cuatro y ocho personas, aunque hay casos extremos en que la cuadrilla salteadora tenía veinte miembros[203]. Un ejemplo de banda numerosa es la siguiente que actúa en el Maule, donde el delegado comunica: «Me da parte el subdelegado de haber salteado doce hombres de a pie en la noche del catorce al inspector don Juan de la Fuente»[204].

---

[202] El cuadro solo presenta una selección de casos de la intendencia del Maule, donde es posible mostrar todas las variables.

[203] Para el caso peruano véase Aguirre, «Cimarronaje, bandolerismo y desintegración esclavista. Lima, 1821-1854», 139-181, donde el autor caracteriza los bandoleros explicando la particularidad que existe en la composición de las bandas y que las diferencia de las existentes en Chile la composición multiétnica de las cuadrillas, predominando la existencia de negros. Resalta también la cantidad de hombres que componían las bandas, que en ocasiones llegaban a ser treinta o cuarenta.

[204] Intendencia del Maule, 1855, vol. 101.

Lo numeroso de las bandas servía para la intimidación de las víctimas, porque generaba una sensación de indefensión y terror que alimentaba la percepción de estar enfrentados a una plaga delictual. Dichos grupos estaban compuestos por sujetos dedicados habitualmente al delito o por uno o más líderes avezados en las artes delictivas, que reclutaban al resto[205].

> Pablo Santander compañero de quezada. Aquel confiesa realmente que yendo para Pencahue lo alcanso Pedro Aliste i lo convido para hurtar unos animales de Litue ofreciendole una gratificacion del producida del negocio en nada habia que temer por que el dueño era un tonto i no los perseguiria[206].

En situación opuesta estaba la siguiente banda, conformada enteramente por bandoleros de oficio y que se presumía se alistaban para cometer delitos en la zona.

> A las Dies de la mañana se me dise por una persona que la creo fidedigna que en la subdelegación de Nebuco, y en casa de Luciano Godoy, se alla reunida una junta de personas todos criminales, y entre ellos Carmen Martel, que según presumo es fugado de esta carcel, y muchos de igual naturaleza a la de Martel o peores; dandome cuenta tambien que tres casas de esta subdelegacion son amenazadas o tienen el proyecto de saltearlas. De muchos dias a esta parte se me diseai esta reunion que no baja de siete a nuebe personas[207].

Aunque las bandas estuvieran completamente formadas por sujetos experimentados en el robo, esto no quiere decir que se mantuvieran siempre unidas. La existencia de un grupo permanente de malhechores que asolan el campo y que corresponden a la «banda de», no es habitual en este periodo: aquí, los sujetos se juntan para realizar un salteo y, en algunas ocasiones, siguen actuando juntos y en otras no, sobre todo, cuando en la huida terminan dispersándose cada uno para un poblado distinto.

La forma en que se realiza el delito en general es a través del ingreso sorpresivo y violento de los sujetos a la casa.

> Anoche a la una de la mañana se me dio parte de que el inspector don Tomas Venegas habia sido asaltado por doce a catorce bandidos que abusando de la fuerza que tenían se apoderaron de la persona de dicho señor, dejandolo mal herido a él, la madre y dos hermanos mas[208].

La entrada sigilosa a las viviendas con el fin de robar prácticamente no se da y la estrategia del descuido se usa más bien para el robo de animales y pequeños hurtos. El salteo siempre es muy violento, por lo que el número de la banda servía para intimidar

---

[205]   Valenzuela, *Bandidaje rural en Chile central. Curicó, 1850-1900*, 76.

[206]   ANJT, 1862, vol. 770, foja 30.

[207]   Intendencia de Ñuble, 1856, vol. 15.

[208]   Intendencia del Maule, 1856, vol. 101.

a las víctimas. La utilización de altos grados de violencia era mucho más efectiva en este cometido y se puede definir como «la aplicación o amenaza de aplicación de una fuerza física de forma deliberada con la intención de causar efectos sobre el receptor de la misma»[209] y tiene, por lo tanto, tres características: puede materializarse o ser una amenaza, es deliberada y, por ende, racionalizada, y se ejerce sobre el cuerpo del oponente.

> El primero del corriente como a las seis de la noche llegaría a su casa una partida de hombres que no supo cuantos era, que el declarante salió a recibirlos pero que ellos sin dar explicaciones entraron a darle golpes con un arma cortando y ordenándole se hundiese.

> Saquearon la casa y se llevaron toda la ropa que encontraron, tres mantas, y los papeles que tenía en un mueble de madera que rompieron que además le sacaron de un cuarto donde había ocultado a golpes y le apuntaban con una pistola que no dio fuego, que después de haberlo amarrado a el declarante y como un niño que había en la casa, los dejaron allí y salieron de esta para fuera.

> Que a su tío llamado José María Castillo, le hicieron pedazos el cuerpo a palos y además lo pasaron varias veces por el fuego ardiendo porque no decía donde estaba la plata[210].

Aquí, claramente lo que pretende la aplicación de violencia es, por un lado, la neutralización de cualquier respuesta y, por otro, al aplicar tortura lograr la colaboración con el cumplimiento de los objetivos de la banda: lograr un buen botín.

De los casos analizados que están definidos como salteo, en un 100 % existe la utilización de violencia sobre el cuerpo de las víctimas, llegando a casos extremos como el de «después de colgarla y maltratarla con toda clase de golpes le cortaron una oreja»[211].

Valenzuela Márquez categoriza este tipo de acciones como patológicas, en la lógica que ve al bandolero como una consecuencia de su situación psicosocial. Sin embargo, no coincidimos en que el bandolero que tortura a sus víctimas tenga una patología, sino que lo hace como expresión del poder que tiene como objetivo dominar al prójimo[212]; la violencia no es un ejercicio irracional, sino una acción que persigue objetivos.

La violencia delictual era a veces repelida con violencia por parte de los propietarios: los dueños de casa, arma en mano, resistían el ataque de quienes ingresaban a sus moradas para asaltarlas.

---

[209]   Eduardo González Callejas, «La definición, caracterización y análisis de la violencia a la luz de las ciencias sociales: una reflexión general», *Revista de Historia Social y de las Mentalidades*. En prensa.

[210]   ANJC, 1851, vol. 68, foja 8. Juicio por salteo contra Mateo Salas y otros.

[211]   Intendencia del Maule, 1856, vol. 101.

[212]   González Callejas, «La definición, caracterización y análisis de la violencia a la luz de las ciencias sociales: una reflexión general».

Anoche como a las 12 una partida considerable de facinerosos asaltaron la casa de Don
Pedro del carmen Bustos Quiñones pero este se resistió y nada pudieron llevarse porque
despues de romperle la puerta les disparo un pistoletazo y huyeron quedando uno solo
que pudo entrar en el acto y tomarlo del cuerpo a quien lo recibio con un puñal y herido
según cree, por la sangre que alli quedo, se mancho tambien[213].

El ejercicio de la violencia por parte de los asaltantes, pero también de sus víctimas,
las bajas cifras de detenidos por estos casos y las evidencias de la poca efectividad del
Estado para controlar el bandolerismo sindican a este fenómeno como evidencia, causa
y consecuencia de la violencia extendida en los años que abarca este estudio, situación
que solo cambia cuando el Estado es capaz de desarrollar mecanismos que le permiten
monopolizar su uso.

Respecto al abigeato, el otro delito asociado al bandolerismo, es necesario aclarar que,
en la mayoría de los casos, este delito se realiza para la subsistencia, es decir, los animales
que se roban y matan son para el consumo de quienes perpetran el ilícito, aunque hay
diferenciación: vacas y terneros tienen ese fin, mientras que los bueyes y caballos en
general son robados para la venta. A través de estas acciones, podemos identificar un
grado mayor de especialización, principalmente, porque la necesidad de la venta requiere
vínculos con algún circuito que permita trasladar y vender el animal, y eso implica contar
con la complicidad de algunos sujetos dentro de la comunidad. Esta confabulación no
era difícil de lograr, ya que el abigeato era, en la cultura popular campesina, una práctica
bastante extendida que formaba parte de la moralidad alternativa construida por este
sector. Tanto es así que, para frenar este tipo de hechos, el Estado comienza a aplicar
penas muy altas con el fin de amedrentar a la comunidad, como el presidio de uno a
cuatro años y los azotes en público.

Esto nos lleva a pensar en el botín de las acciones de bandolerismo: es aquí
nuevamente donde hacemos la diferenciación con el delincuente ocasional. En el caso
del abigeato, lógicamente el animal es el botín, sin embargo, si analizamos a quienes
integran eventualmente a sus vidas acciones de transgresión legal, es decir, aquellos que
delinquen por hambre, podemos ver, primero, que no se trata de bandoleros y, segundo,
que su botín satisface la mera subsistencia. En el caso de los ladrones de oficio, estos
robarán ganado mayor y, si bien su botín inmediato será también el animal, este será
solo un bien intermedio, pues lo que buscan es obtener dinero por la venta del botín, no
solo comer, sino alimentar la forma de vida por la que han optado.

Hemos definido aquí que el bandolero es aquel que se dedica permanentemente
como forma de subsistencia al robo. Esta especialización determina que los bandidos,
contrariamente a lo que señala la mayoría de los autores que rechazan la caracterización
del bandolerismo en Chile como un bandolerismo social, ataquen preferentemente a

---

[213]   Intendencia del Maule, 1858, vol. 101.

su contraparte clasista, en definitiva, el bandolerismo ataca principalmente a un grupo social que posee los suficientes bienes como para que resulte beneficioso el riesgo. Hay que aclarar aquí que esto no significa que los bandoleros tengan una conciencia de clase desarrollada y que, por lo tanto, se nieguen a atacar a los pobres; lo que sí significa es que el grado de preparación, disposición al uso de la fuerza y coordinación de esfuerzos colectivos les permite elegir víctimas donde el botín sea cuantioso. Como señalábamos en párrafos anteriores, las casas son el espacio donde el bandolero va a encontrar mayor retribución a su esfuerzo delictual.

El análisis de fuentes permite señalar que, en los casos en que el botín fue precario, el dueño de casa repelió violentamente el salteo, y que en la mayoría de los casos donde podemos corroborar que se trata de delincuentes avezados, el botín fue alto, por sobre los 200 pesos o compuesto por especies muy valiosas como fanegas de trigo

Las armas y los implementos usados son importantes al momento de definir la acción del bandido. El caballo no es un elemento que haya estado presente en todos los salteos, pues existen relatos que acusan el ataque de hombres a pie. Sin embargo, la conveniencia de tener un medio por el cual alejarse rápidamente del lugar del suceso hace que este animal adquiera una enorme importancia.

En relación con las armas, las que predominan son palos, sables, cuchillos y, por supuesto, armas de fuego, característica que solo es aplicable a los delincuentes de oficio, pues el resto ni siquiera utiliza palos. La necesidad de irrumpir en los lugares violentamente y de amedrentar a sus víctimas hace que las armas sean un implemento prioritario para los salteadores.

Los sujetos

¿Cómo es el individuo que se dedica al salteo como forma habitual de subsistencia y que hemos denominado bandolero? Estamos hablando de un sujeto que, por una u otra razón, decidió construir su forma de vida al margen de la moralidad y la institucionalidad de la época y, por lo tanto, estamos construyendo el concepto de bandolero desde el sujeto y no desde las acciones. En este sentido no son bandoleros todos los que han cometido robo de animales, porque ya veíamos que esta es una práctica extendida entre la comunidad campesina, que resuelve sus necesidades cotidianas a través de la transgresión.

Respecto a la edad, debemos decir que, efectivamente, como lo han señalado otros estudios, los sujetos que podemos calificar como bandoleros tienen un promedio de edad no mayor de treinta años, situación que para los delincuentes ocasionales no siempre es la tónica, ya que encontramos entre ellos una mayor presencia de personas mayores de cuarenta y menores de veinte.

Distribución de delincuentes según edad

Rango Etáreo	15-19 años	20-24 años	25-29 años	30-34 años	35-39 años	40 años y más
Porcentajes	6 %	19 %	34 %	23 %	8 %	10 %

Tabla construida a partir de los datos obtenidos de los Archivos criminales de Talca y Concepción.

Tal como lo plantean los estudios clásicos sobre bandolerismo[214], los sujetos que se dedican a esta actividad son jóvenes: un 76 % de los procesados por abigeato y salteo tienen entre veinte y treinta y cuatro años. El promedio de edad exacto es difícil de señalar, ya que la mayoría declara tener, «más de», «alrededor de», «parece como de», redondeando las edades principalmente entre los veinticinco, treinta y cuarenta años.

En el análisis de los datos sobre los sujetos detenidos por salteo, podemos apreciar que, si bien son jóvenes, son lo suficientemente experimentados como para dedicarse a este tipo de delito, que requiere grados mayores de experticia. Así, el 6 % de los detenidos por salteo tiene entre 15 y 19 años, el 18 % tiene entre 20 y 24, el 43 % entre 25 y 29 años, el 24 % entre 30 y 34 años y el 2 % entre 35 y 39 años, el 6 % de ellos dice tener 40 años o más.

Las bandas que estudiamos estaban compuestas por sujetos de edades diversas y, como lo señalábamos anteriormente, muchas veces combinaban la experiencia con la iniciación. En el Juicio por salteo contra José Antonio Sepúlveda, se señalaba que su banda estaba compuesta por sujetos que decían tener 15 años, más de 25, 20, 27, y más de 60 años[215]. Constituye una excepción el caso de José Miguel Méndez de 51 años[216], procesado por salteo, ya que, de los mayores de 35 años, un 72 % estaba preso por delitos de abigeatos y hurtos o, como Juan Bautista Castro de 50 años, por aposentar ladrones[217].

Respecto a la ocupación, solo un 5 % señaló que no tenía ocupación, mientras que un 33 % declaró ser gañán, un 21 % labrador y un 15 % zapatero. Estos datos son los más cuestionables, ya que señalar un oficio para no dar la impresión de ser gente de poco respeto es una estrategia que a menudo utilizan los acusados. El cuestionamiento es aplicable para todos los datos, ya que la mayoría de los juicios por salteo son sobreseídos por falta de méritos o testigos, lo que nos hace dudar si estamos frente a un bandolero de oficio o no. Por lo demás, un seguimiento de los comunicados de intendencia para rastrear si los sujetos que fueron sindicados en los informes de los departamentos como

---

[214]   Hobsbawm, *Rebeldes primitivos. Estudios sobre las formas arcaicas de los movimientos sociales en los siglos xix y xx; Bandidos.*

[215]   ANJT, 1852, vol. 727, foja 14.

[216]   ANJT, 1859, vol. 746, foja 1.

[217]   ANJT, 1854, vol. 731, foja 11.

autores de salteo fueron tomados detenidos, también fue inoficioso. De los nombres sugeridos, ninguno fue arrestado por lo menos en las fechas próximas al delito.

Una forma aplicable es reconocer en los juicios sujetos que tengan antecedentes previos por salteo o robo y definirlos, bajo estos criterios, como delincuentes habituales. De los casos analizados, un 45 % puede calificarse como un delincuente habitual, debido a que ha estado preso anteriormente, no ha estado preso pero tiene otras acusaciones, tiene mala fama, señala no tener ningún oficio o fue comprobada fehacientemente su participación en los hechos[218].

Tomando en cuenta del universo de procesados solo los que, bajo los criterios antes expuestos, podríamos calificar de delincuentes habituales, debemos señalar que un bandolero es un hombre de veinticinco años como promedio, soltero y que dice ser gañán.

Justo Albornoz es uno de ellos; a través de la revisión de sus causas por distintos delitos podemos ver la trayectoria de un delincuente habitual.

Este zapatero de treinta años es acusado de robar especies en una casa en 1854, y plantea que «le fueron ofrecidas las prendas de ropa por otras personas para que él las empeñara y que no tenía conocimiento de que fueran robadas, lo cual aceptó por estar falto de dinero para comer»[219].

En esta ocasión, tras comprobarse su participación en los hechos, es condenado a doce meses de presidio urbano.

En 1855, luego de cumplida su condena, fue nuevamente apresado, junto con Ignacio Monsalve y Fernando Bahamondes, por sindicarse como autor de un robo a un cura y a un tal Manríquez a quien le sustrajeron unos tubos y otras cosas encontradas posteriormente en su casa. El acusado señala:

En la noche haber estado temprano en la chingana y que a las seis se fue a su casa, preguntado si conoce a la mujer que vive en su casa con Monsalve dice que no y que no sabe si es casada o soltera. Preguntado si conoce a Fernando Bahamondes que se encontró en su casa, dice que no, que ha llegado por casualidad y que no sabe de donde es[220].

A pesar de las contradicciones y su evidente participación en los hechos, Albornoz es absuelto por falta de mérito.

El mismo año volverá a ser acusado junto con otros individuos por hurto y nuevamente será absuelto. Sin embargo, el 18 de diciembre del mismo año es apresado en Concepción tras el allanamiento a una casa donde se encontraron especies robadas tres días antes, pues uno de los detenidos confesó que quienes cometieron el delito fueron

---

[218] Conclusiones extraídas de una muestra de sesenta casos donde existen suficientes datos para confeccionar la tabla de análisis.

[219] Archivo Nacional Judicial de Concepción (en adelante ANJC), 1854, vol. 143, foja 14.

[220] ANJC, 1855, vol. 143, foja 16.

Justo Albornoz, Justo Valenzuela, Manuel Saavedra, un soldado de cazadores, Francisco Duque, el cabo Fuentes de tercera línea, Francisco Campos y un Cómplice del cabo fuentes que ignora su nombre[221].

En 1856, Justo Albornoz fue sentenciado a dos meses de presidio urbano luego de haber perpetrado un salteo y haber herido en este con un cuchillo a su víctima. Las pruebas que lo implican son habérsele encontrado con un cuchillo ensangrentado[222].

La trayectoria delictual es bastante clásica: de un delito menor, ocasional y con fines de subsistencia, se pasa a grados mayores de complejidad, asociándose con otros delincuentes de trayectoria y aspirando a botines más cuantiosos. En esta escalada, la violencia hacia las víctimas aparece en algún momento.

No es posible asegurar que este sea el camino hacia el bandolerismo, pues solo se trata de un ejemplo donde se pueden seguir los distintos episodios que va transitando un sujeto dedicado al delito y, en la mayoría de los casos, la captura no se realiza. Por lo tanto, es muy difícil saber detalles sobre sus motivaciones o formas de actuar, porque incluso los detenidos negarán los cargos o los cubrirán con falsos testimonios para evitar ser condenados.

Los acusados frente al juez

La declaración frente al juez marca una diferencia entre los autores de robos de poca monta, que hemos calificado como delincuentes ocasionales, y los bandidos avezados. Los primeros confiesan el delito y lo justifican, por el hambre, la ignorancia, el embaucamiento o la borrachera. Sin embargo, los autores de violentos asaltos niegan cualquier participación en los hechos[223], lo que, en caso de no existir más testigos que la víctima, sirve para dejar sin efecto la acusación y dejarlos en libertad.

Si estos son los argumentos de los acusados para evadir la condena, los argumentos del poder para juzgarlos y, en ocasiones, condenarlos, también son variados. En la aplicación de justicia se evidencia claramente el proceso de transición vivido en todos los ámbitos de la sociedad chilena. El tránsito de la sociedad tradicional a la moderna mantiene resabios del pasado y trata de introducir elementos del liberalismo que modernicen y sustenten las nuevas formas de castigo y represión.

---

[221]   ANJC, 1856, vol. 143, foja 24.

[222]   ANJC, 1856, vol. 143, foja 25. El año siguiente será acusado nuevamente, aunque absuelto, de un salteo en complicidad de dos sujetos que se encontraban presos. AJC, 1857, vol. 144, foja 2.

[223]   ANJC, Juicio por salteo contra Mateo Salas y otro por salteo contra Félix Castillo, 1851, vol. 68, foja 8. El caso se destaca por la violencia utilizada y porque en su declaración todos los aprehendidos niegan la participación a pesar que se les toma prisioneros con las prendas robadas y cerca de la casa asaltada.

Un elemento de modernidad es el sobreseimiento de las causas por falta de mérito o de testigos que comprueben el delito; la superposición de la ley por sobre cualquier otro elemento es una característica de los juicios modernos, las presunciones de inocencia deben ser aplicadas y, de esta manera, es posible evadir una dura condena.

Sin embargo, hay otros elementos de la tradición que siguen siendo utilizados para sancionar o, por lo menos, para dudar de los sujetos populares. El principal es el rumor o la mala fama que, en algunos casos, tiene asidero y, en otras, no obedece más que a la condena pública por alguna situación fortuita.

Respecto a la situación de la fama, el juicio público y la justicia penal en la sociedad tradicional, Tamara Herzong señala que la publicidad y el estereotipo provocaban la persecución de algunos sujetos, y el sistema, avalando estas conductas, se precipitaba en reaccionar contra ellos. Se trataba de un proceso basado única y principalmente en la reputación del reo, donde la sanción penal legitimaba el rumor[224].

Esta situación termina con la modernidad, cuando los juicios tienen la obligación de basarse en pruebas y no en rumores; aun así, pese a que las condenas de prisión no se aplican por la existencia de mala fama, sí existen penas alternativas. Esto queda de manifiesto en uno de los casos por abigeato donde se absolvió a uno de los implicados mientras que a «Juan Bautista Castro se le puso bajo vigilancia del juez de su residencia por un año, por su mala fama como aposentador de ladrones»[225].

En el siguiente caso están resumidas de manera muy gráfica las tensiones existentes entre la modernidad y la tradición. En un juicio por salteo, el juez deja en libertad a los inculpados alegando las siguientes razones:

Primero que el robo echo a Nieves Toledo solo se consigna en el testimonio de este i su familia.

Segundo que la violación de que se queja Manuela Toledo no tiene mas prueba que su simple dicho.

Tercero, que el salteo intentado a Manuel Antonio Alarcón no ha presentado este testigos que lo acrediten.

Cuarto, que en la fuga dichos reos no cometieron violencia de ninguna forma pues solo dio lugar a ella el hecho imprudente de haberle abierto del cerrojo que les tenían.

Quinto, que algunos testigos del sumario no han sido notificados en tiempo habil, razon por la que de nada valen sus dichos y

Secto, que no esta probado suficientemente que los mencionados reos sean de mala fama en conformidad de las leyes [...] los absuelvo de los delitos de que han sido acusados[226].

---

[224] Tamara Herzog, «La administración como un fenómeno social: La justicia penal de la ciudad de Quito (1650-1750)» (Madrid: Centro de Estudios Constitucionales, 1995), 256, 257.

[225] ANJT, juicio criminal contra Juan Muñoz y otros, 1854, vol. 731, foja 11.

[226] AJT, Juicio criminal por salteo contra José Zepeda y Manuel Antonio, 1852, vol. 734, foja 5.

Una vez más vemos cómo para la ley no basta el testimonio de la víctima, deben haber además otros elementos comprobatorios del hecho. Además, la burocracia pasa a ser un elemento importante que valida la acción de la justicia, esto manifestado en la quinta razón para la absolución de los inculpados. Finalmente, dos elementos de la tradición, primero la mala fama, que en este caso no se comprueba y obra a favor de los acusados y, segundo, la relación de complicidad que existe entre el carcelero y los acusados, lo que posibilita la fuga de los reos.

Esta última situación nos habla de un sistema carcelario que no se adecua a los requerimientos de la modernidad. Son varios los casos en que la vinculación de clase entre carcelero y presidiario es más fuerte que la relación contractual entre carcelero y Estado. Así lo deja entrever también el siguiente caso.

> Se le acusa de ser cómplice en el salteo de unos vales de trigo, que él habría vendido, de esa vez que estuvo preso se fugo sin esperar la resolución y fue nuevamente tomado preso para ser sobreseído.

> El reo argumenta que él no tenía conocimiento de que el trigo fuera hurtado y menos quienes lo habrían efectuado, y que la vez que se fugó no tuvo necesidad de conquistar a sus vigilantes porque estos quisieron irse y lo dejaron ir, llevándose consigo las armas que se les entregaba para la custodia de los presos[227].

El otro ámbito que es importante analizar es el de las penas: aquí también existe la tensión entre la tradición y la modernidad, una sociedad que quiere ser moderna pero que sigue viendo a sus componentes con los ojos de la tradición. Una evidencia es la restitución de la pena de azote, en octubre de 1852, que se aplica como medida ejemplarizadora sobre quienes cometen delitos contra la propiedad.

El carácter de la acción del bandolero

Los estudios sobre las acciones de bandolerismo en Chile que se han realizado en las últimas décadas han estado basados principalmente en tratar de comprobar o refutar la idea de Hobsbawm sobre la universalidad de la existencia del bandolerismo social. Así, atribuir a esta acción el carácter de delincuencia común o de lucha social, han sido las principales conclusiones levantadas por los autores[228]. Sin pretender establecer una posición mediadora o conciliadora de ambas posturas, nos parece que es una interpretación absolutamente dicotómica de la realidad social chilena.

En el presente trabajo, más que referirnos a si el bandolerismo existente en Chile en la segunda mitad del siglo XIX es o no social, nos interesa interpretarlo como una de

---

[227]   ANJC, Juicio criminal contra Juan Araneda, 1860, vol. 144, foja 27.

[228]   Los resultados de este debate están expuestos en el capítulo I del presente estudio.

las expresiones de violencia social popular en el ámbito rural, entendiendo la violencia social como una situación existente solo en el contexto de una sociedad de clases y, por lo tanto, como una transgresión a la subordinación.

Esto vale también para el delito como expresión de violencia, ya que, como señalan Moreno y Bertrán, «la historia de la criminalidad es por fuerza una historia de relaciones entre el poder, la sociedad y los sujetos a través de la mediación del derecho, como norma y como práctica»[229].

La discusión se basa principalmente en tres aspectos: las motivaciones del bandolero, las víctimas de los actos y la relación con la comunidad. Respecto a las motivaciones, diremos que el sujeto definido aquí como bandolero no comparte mayoritariamente las motivaciones definidas por Hobsbawm para el bandolero social, pues, si bien es posible encontrar algunas situaciones donde la venganza es el móvil de la acción vandálica, esta no es la constante. En esto también existe un problema en relación con las fuentes, pues, para el periodo que abarca este trabajo, no contamos con un relato de los bandoleros mismos, como sí podemos encontrar para las últimas décadas del siglo xix y las primeras del xx, cuando existe una difusión de la imagen del bandido a través de la prensa y la tradición oral recogida por algunos escritores populares, dentro de la cual son clásicas las aventuras de Ciriaco Contreras y Pancho Falcato[230]. Las acciones motivadas por razones de honor, venganza o justicia son una rara excepción en los casos existentes en Chile, una muestra de esa excepcionalidad es la siguiente:

> Se le acusa de haber hurtado cantidad de mercadería de una bodega y posteriormente a eso de robar una chalupa o bote con la cual pretendía huir de la isla de Santa María. El acusado se defiende argumentando que esto lo hizo cansado de los malos tratos y las promesas incumplidas por el Señor Pacheco (dueño de la chalupa) y que lo hizo en unión a otros trabajadores que deseaban irse con sus familias de la isla[231].

Las sociedades campesinas mestizas en Chile tampoco pueden abogar por una vuelta al pasado o a la tradición, simplemente porque, para ellas, tal tradición no existe. No hay una sociedad en la cual estos campesinos hayan tenido un lugar; ellos son en

---

[229] Moreno y Bertrán, «Justicia criminal y criminalidad en la Cataluña moderna», en Carlos Barros (ed.), *Retorno del sujeto*, vol. 2, 103-115.

[230] Daniel Palma Alvarado, «¡Ladrones! Delincuencia, sociedad y cultura en Chile 1870-1920» (tesis para optar al grado de doctor en Historia, Pontificia Universidad Católica de Chile, 2007). El autor, en un apartado de su trabajo dedicado a la delincuencia en el campo, rescata la figura de estos dos íconos del bandolerismo chileno. Creemos que por la opción metodológica, que privilegia la visión existente en diarios, leyendas y artículos de opinión de la elite, el trabajo no constituye un estudio sobre el bandolerismo sino sobre su representación.

[231] ANJT, 1857, vol. 144, foja 8.

sí mismos un tránsito, una construcción reciente con identidad en conformación[232]. El desarraigo es consustancial a la sociedad mestiza y surge del rechazo de la indígena y la blanca, cuestión que le otorga una característica diferente. El mundo mestizo popular transgrede y violenta el orden que se le impone, pues su construcción como sujeto es violenta. No tiene entonces pasado que reivindicar ni honor que restituir, pues nunca tuvo honor ni pasado.

Las víctimas también son motivo de diferenciación entre el bandolero social y el delincuente común. Si bien los estudios señalan que el bandolero chileno ataca indistintamente a ricos y pobres, el sujeto que hemos definido aquí como bandolero, es decir, el salteador, ejecuta los salteos contra quien posee bienes suficientes para justificar el esfuerzo. En esto se diferencia del sujeto que comete transgresión ocasional, ya que este último solo aprovecha la oportunidad que le brinda el momento y, lógicamente, esto ocurre dentro de sus propios espacios de convivencia. Por lo mismo, las víctimas son pobres igual que él. El caso de los salteos, por el grado de organización, violencia y uso de armas, los protagonistas están en condiciones de realizar hazañas mayores. Es por eso que el salteo se realiza preferentemente en casas donde es posible encontrar objetos de valor y no en los caminos, donde la gente que transita rara vez lleva a cuesta algo que pueda transformarse en un buen botín.

Situación similar ocurre en el Perú. Según quienes estudian estos fenómenos, en las zonas rurales se realizan asaltos a las grandes haciendas «extrayendo de allí alimentos, bestias, dinero e incluso esclavos para incorporarlas a sus partidas. Sistemas de información les permitían saber cuándo, por ejemplo, se transportarían remesas importantes de dinero, y en ocasiones se producían asaltos verdaderamente cuantiosos»[233]. Y aunque también robaban a los pobres, de estos no podían obtener más que un poncho[234].

La elección de las víctimas, entonces, no representa una primigenia conciencia de clase, sino una elección basada en la recompensa. No obstante, este tipo de acciones sirvió para generar una visión sobre el bandolero que representaba la idea del mundo al revés pensada y anhelada por los pobres.

Creemos, además, que la preocupación que estas acciones provocan en las autoridades de la época es una evidencia de que quienes son los perjudicados por esta plaga vandálica son los poderosos.

---

[232] Situación distinta es la de los pueblos indígenas, donde la apelación a la tradición es totalmente válida.

[233] Aguirre, «Cimarronaje, bandolerismo y desintegración esclavista. Lima, 1821–1854», 166.

[234] Ibíd.

El bandido chileno decimonónico tiene relación con su comunidad; no es posible hablar de él como un marginal[235], ya que en general cuando se trata de abigeato mayor, que es el que llevan a cabo los bandidos, es necesario contar con un circuito para trasladar y reducir los animales. A menudo se evidencia en los juicios que quienes compraban la carne, el cuero o los animales robados eran sujetos de su misma comunidad, es decir, se establecían relaciones de encubrimiento, redes de apoyo y complicidad en los delitos.

Delito, reivindicación de la tradición o restitución del honor, el bandolerismo es una acción de violencia ejercida sobre los patrones culturales y morales de una sociedad de clases y que, como tal, subordina y oprime a los desposeídos. De esta manera, la violencia es entendida no solo como el ejercicio de la fuerza física sobre los cuerpos, sino también como la violación de la institucionalidad definida por la elite por parte de sujetos que, en tránsito identitario, construyen relaciones al margen del poder y un discurso oculto que rechaza el disciplinamiento laboral, moral e institucional. El bandolerismo es una transgresión cotidiana del campesino pobre llevada al extremo, que se nutre de la violencia cotidiana experimentada por su clase y que será la base empírica de la rebeldía que servirá para construir la identidad de clase ya definida a fines de siglo.

Estas acciones de violencia desarrolladas en el campo, al igual que las expresadas en los centros mineros, son expresiones de violencia de clase. Para este contexto, y en relación con la violencia social popular, Julio Pinto nos señala que es necesario

> hacer una distinción conceptual entre el fenómeno de la «marginalidad» y el de la «contestación» social, donde el primero, por su presunta falta de perspectivas reales por modificar las relaciones de dominación, necesariamente daría lugar a una respuesta más pasional y, por ende, más violenta, que una interpretación más «racional» —y efectiva— como la que caracteriza a la acción política sindical[236].

Creemos que es posible aplicar esta misma diferenciación a las acciones de violencia social popular en el campo, aunque esta haya cuajado mucho más tardíamente en una organización proyectual. Sin embargo, las expresiones de violencia cotidiana son similares a las expresadas por los peones mineros en Copiapó, Atacama o Lota, pues, aunque sin proyecto, son acciones de transgresión que se desarrollan en una sociedad diferenciada en clases. En este sentido, es posible señalar que la migración de estos peones campesinos a los espacios mineros y las ciudades nutrió la conformación de la clase obrera y, por lo tanto, no es posible diferenciar al peón agrícola del futuro proletario.

---

[235]   Una visión contraria expone Valenzuela en *Bandidaje rural en Chile central. Curicó, 1850-1900*.

[236]   Pinto, *Trabajos y rebeldías en la pampa salitrera*.

Según las fuentes y los estudios consultados, el bandolerismo se convirtió en una problemática cada vez más difícil de controlar en el espacio rural chileno. Si bien para el periodo de estudio del presente trabajo las fuentes hablan de un aumento del bandolerismo, al parecer no es el momento de mayor presencia de esta expresión de violencia social, sino que sería desde los años setenta en adelante. Esto habría redundado, por ejemplo, en la promulgación de la ley contra el vandalaje de 1876. Sin embargo, hay otros elementos a tener en cuenta antes de hacer esta apreciación. Efectivamente, existe en algunos juzgados un aumento de las causas por salteo, abigeato y hurto, pero esto puede deberse a un aumento de la dotación policial. También es un factor importante el hecho de que la elite se siente con el derecho a exigir mayor protección por parte del Estado y a dejar de resolver los problemas utilizando recursos propios como sí lo hacía entre los años 1850 y 1870. Por otra parte, más que un aumento real de las causas por salteo, lo que existe es una denuncia social mayor sobre estos hechos a través de la prensa.

A fines de los años setenta, las acciones de bandidaje comienzan a tener una mayor importancia en los periódicos locales, por lo que, más que hablar de los delitos mismos, estamos hablando de la representación que estos tienen en la sociedad chilena[237]. La existencia de bandoleros ilustres nos habla de la necesidad que tiene cierto sector social de levantar imágenes que resalten los valores de transgresión social y, por lo tanto, de una sociedad que ya ha definido sus clases antagonistas. El bandolero de las leyendas y las entrevistas en los diarios sirve a la necesidad de un imaginario colectivo; sus andanzas se cuentan mediatizadas por las aspiraciones de los más pobres y la ficción del periodista y el literato que las hace atractivas, realzando los elementos que lo hacen especial, único y sobre todo rebelde.

---

[237]   Daitsman, «Bandolerismo: mito y sociedad. Algunos apuntes teóricos».

Capítulo V
Montoneros, guerrillas bandoleras y conflictos interoligárquicos

La violencia es una característica y elemento fundacional del Estado chileno. Los procesos de construcción y consolidación de la institucionalidad chilena se han desarrollado a través de disputas y tensiones que han contenido y significado la existencia permanente de la violencia, tanto en los procesos económicos, sociales y políticos. Nos referimos por ejemplo, a que la fundación misma de Chile como país –similar a la gran mayoría de surgimiento de los estados nacionales modernos– fue violenta, ejerciéndose esta también en los diferentes procesos de definición económica y de relaciones sociales que se materializaron durante gran parte del siglo XIX[238].

Esta violencia se ejerce verticalmente entre las clases sociales contrapuestas, expresándose, a través de la imposición del Estado sobre las clases subordinadas y la reacción de estas frente a los excesos del poder, también en el proceso de proletarización a través del disciplinamiento laboral y la contestación de rebeldía contra el disciplinamiento y contra los abusos patronales. Finalmente, la violencia vertical se ejerce mediante la imposición moral que realiza la elite hacia los sectores subordinados y, como respuesta a esta, la transgresión permanente del «vicio» como práctica constante y cotidiana de los sectores populares.

Pero además, la violencia es ejercida horizontalmente entre los mismos componentes de la clase. Por un lado, los sectores populares despliegan violencia interclasista en sus relaciones cotidianas a través de las prácticas delictuales o la violencia interpersonal. La elite en tanto, también desarrolló instancias de confrontación violenta, pero no la misma violencia cotidiana y transgresora ejercida por los sectores subalternos, sino, la violencia política. Los grandes conflictos de poder e intereses de la elite, no tuvieron una resolución dialogada e institucional, sino más bien violenta y a través de las armas. Estas luchas por el control del Estado desarrolladas entre los distintos bandos de la

---

[238] En relación con estas temáticas, véase por ejemplo los tempranos trabajos realizados por la historiografía marxista tradicional (Vitales y Segall) y posteriormente, y de manera abundante por la historia social chilena, quienes, discutiendo con los historiadores conservadores como Eyzaguirre, Edwards y más recientemente Gonzalo Vial, develaron los diversos mecanismos de control social y de resolución de problemas a través de la violencia durante el proceso de conformación del Estado nación.

elite, y que la historiografía social chilena ha definido como guerras interoligárquicas, se desarrollaron en cuatro ocasiones durante el primer siglo de la república[239].

Las guerras interoligárquicas de las que hablamos, tienen como consecuencia el triunfo o fracaso, respectivamente, de proyectos disímiles sobre la administración del Estado, pero no significan, en ningún caso, la aceptación o el rechazo de proyectos de transformación profunda. Es por eso que el enfrentamiento entre sectores distintos de la elite chilena decimonónica puede denominarse como guerras interoligárquicas y no revoluciones.

Entendiendo estos conflictos desde la lógica del presente estudio, diremos que las guerras civiles de 1851 y 1859 son dos expresiones de la persistencia de la violencia en el desarrollo histórico de Chile, tanto vertical, porque se ejerce entre subordinados y dominadores, como horizontal, porque despliega una serie de conductas violentas entre sujetos de la misma clase. Por otra parte, en el contexto de estos enfrentamientos, los procesos de lucha armada no solamente representarán o evidenciarán las pugnas entre liberales y conservadores, entre las provincias y la capital, entre burguesía minera y aristocracia terrateniente, sino además las tensiones más profundas que mueven y trastocan a la sociedad rural chilena. Estas guerras interoligárquicas son la excusa para que los sectores populares visibilicen y profundicen sus conductas de violencia social popular, esa que en el procesos mismo de modernización se había extendido.

Para Eduardo González Callejas, la violencia es una expresión tradicional del conflicto social, aunque entre una y otro no puede establecerse una correspondencia mecánica de causa-efecto, y mucho menos una identificación. Señala además que, cuando los actores son completamente conscientes de su contrariedad, puede no darse necesariamente un conflicto real. Debe existir un decidido deseo, al menos en una parte de los sectores en conflicto, de manejar los medios o lograr los objetivos que son incompatibles. «Puede haber conflicto sin violencia, aunque no esta sin aquel, ya que la violencia es uno de los varios medios de proseguir un conflicto. El conflicto es condición necesaria, pero no suficiente para que surja la violencia»[240].

Es así como la violencia desatada en las guerras civiles de 1851 y 1859 evidencia un conflicto, pero, como lo señalábamos ya, ese conflicto va más allá de la disputa política, es también una confrontación social. Solo así entendemos la participación violenta de los sectores populares sobrepasando incluso la dinámica de violencia que se permite la elite.

---

[239] Para una revisión de los contenidos y las formas que adquirieron estos conflictos al interior de la elite, véase Brian Loveman y Elizabeth Lira, *Las suaves cenizas del olvido: vía chilena de reconciliación política 1814-1932* (Santiago: LOM Ediciones, 1999); *Las ardientes cenizas del olvido: vía chilena de reconciliación política en Chile 1932-1994* (Santiago: LOM Ediciones, 2000).

[240] González Callejas, *La violencia en la política. Perspectivas teóricas sobre el empleo deliberado de la fuerza en los conflictos de poder* (Madrid: Consejo Superior de Investigaciones Científicas, 2002).

Los grados de violencia desatados en el desarrollo de un conflicto no son posibles de explicar solamente a partir del contexto específico, sino además por otras razones, una de ellas es la relación estructural y la dinámica social que existe entre las distintas partes[241]. En este caso, la violencia desplegada por los sujetos populares en el campo no se explica solo a partir de la inmediatez de la revuelta, el desenfreno de sus actitudes o pasiones o la defensa del liberalismo, sino en la experiencia, la explotación y subordinación de estos.

Las guerras civiles de 1851 y 1859

Guerra Civil de 1851 y 1859 son dos de los muchos episodios violentos que enfrentaron a las distintas facciones de la elite chilena y que, además, se constituyen en el contexto en el cual los subordinados despliegan el repertorio de trasgresiones que conforman su identidad.

Estas situaciones de confrontación se desarrollan en un contexto de tensionamiento de la estructura, producto de los procesos modernizadores llevados a cabo en el país y las críticas que generaba el autoritarismo centralista del gobierno conservador.

Conservadores y liberales en pugna por la administración del Estado, las provincias postergadas por el predominio santiaguino y la Sociedad de la Igualdad, jacobina y policlasista, serán los protagonistas de este enfrentamiento armado.

Las elecciones parlamentarias de 1849 serían un antecedente de las tensiones existentes incluso al interior del propio partido gobernante y darían pie para la creación de nuevas agrupaciones políticas como el Club de la Reforma, opositor al gobierno, el Club Garrido, de carácter oficialista y el propio Partido Liberal[242]. Por otro lado, se despliega la retórica encendida de jóvenes de la elite como Francisco Bilbao y Santiago Arcos que, inspirados en los levantamientos de Francia en 1848, llamarán emular la experiencia convocando a intelectuales y artesanos, lo que dará surgimiento a la Sociedad de la Igualdad. Dicha convocatoria tendrá eco en las provincias, formándose organizaciones regionales bajo el mismo nombre, aunque es dudoso que haya existido alguna articulación efectiva entre ellas[243].

La década de los 40 había generado el surgimiento de nuevos sujetos sociales: una pujante burguesía minera, un grupo de ricos exportadores y habilitadores, un contingente de asalariados que crecía y un artesanado que adquiría derecho a voto. Entre estos grupos se desarrollan nuevas contradicciones, las que se acumulan y van

---

[241]   Ibíd., 61.

[242]   Sergio Grez, *De la regeneración del pueblo a la huelga general. Génesis y evolución histórica del movimiento popular en Chile (1810–1890)* (Santiago: DIBAM, Colección Sociedad y Cultura, 1997), 324 y 325.

[243]   Ibíd, 365-367.

a desembocar en varios episodios de violencia política y social, entre ellos, las dos guerras civiles[244].

La pugna de intereses entre la tradicional elite terrateniente y la burguesía minera va a ser una de esas contradicciones. Durante la década que precede a la guerra civil de 1851, la exportación minera se vio gravada por una serie de impuestos mientras que en 1840 se había decretado la exención de impuestos a la exportación agrícola. Esto genera el malestar de los empresarios mineros del norte chico, a los que se suma el disgusto de la elite regional de Concepción por los privilegios aduaneros de los que solo disfrutaba Santiago.

La crisis económica de 1848 va a ser otro importante antecedente, las repercusiones en Chile de esta crisis mundial van a generar un amplio malestar y un clima de agitación que le van a otorgar el carácter multiclasista a los levantamientos ocurridos entre 1849 y 1851.

El proceso electoral de mayo de 1851 dio como ganador al candidato del oficialismo Manuel Montt en todos los distritos menos en La Serena y Concepción, donde triunfó el referente de la oposición, el general José María de la Cruz. Los crucistas, alegando fraude electoral, se levantaron en ambas ciudades haciendo que estallara el enfrentamiento militar.

El tensionamiento social interno generó que la guerra civil adquiriera un carácter policlasista. Si bien el control del Estado era disputado por conservadores y liberales, el despliegue de fuerza desarrollado por artesanos, asalariados mineros y campesinos derivó en control de espacios regionales, ocupación de haciendas, liberación de presos desde las cárceles y toma de cuarteles. La expresión máxima del fenómeno se manifestó en Copiapó[245] «donde los sectores populares se mantuvieron en el poder desde el 26 de diciembre hasta el 8 de enero de 1852. Los obreros carrilanos se constituyeron en el baluarte de la insurrección. Se apoderaron del ferrocarril, que había sido inaugurado el día anterior al estallido revolucionario, e impidieron el traslado de tropas enemigas cortando las vías férreas de Caldera a Copiapó»[246].

La actitud dubitativa de Cruz en el sur, que retardó el avance hacia el centro del país, la fuerza de la reacción estatal y la falta de conexión entre los espacios rebeldes serían algunos de los motivos por los que la guerra civil de 1851 se resolvió favorablemente para los conservadores en el poder. La victoria definitiva se dio en la batalla de Loncomilla, donde se estima que murieron 2.000 personas y que 1.500 resultaron

---

[244] Luis Vitale, «Las guerras civiles de 1851 y 1859 en Chile», *Cuadernos de Investigación, Serie Historia Social* (Concepción: Universidad de Concepción, 1971), 5.

[245] Para una profundización de esta temática, véase Claudio Pérez Silva, «Revuelta popular y motines peonales en el Norte Chico. Copiapó en el contexto de la guerra civil de 1851» (tesis para optar al título de magíster en Historia, Universidad de Santiago, 2007).

[246] Vitale, «Las guerras civiles de 1851 y 1859 en Chile», 15.

heridas. «Un acuerdo negociado entre Bulnes y De la Cruz (la capitulación de Purapel, el 14 de diciembre de 1851) terminó con las hostilidades. Bulnes prometió ejercer su influencia con el nuevo presidente para obtener amnistía para los rebeldes, a cambio del cese de las hostilidades[247].

En La Serena el movimiento durará unos días más pero será controlado a fines del mes de diciembre, mientras que en Copiapó y Chañarcillo la insurrección popular demoró más en ser aquietada.

A la derrota del ejército liberal y los levantamientos populares le siguió un gobierno de Montt no muy distinto al anterior, la amnistía general fue postergada eternamente por miedo a que quienes habían participado en los levantamientos del 51 volvieran a protagonizar actos contra el gobierno y, más bien, se recurrió a indultos individuales hacia quienes se comprometieran a abandonar las actividades políticas de oposición[248].

Las medidas de excepción utilizadas durante su gobierno y la división del conservadurismo generaron una amplia oposición a Montt, a esto se agregaba la negativa por parte del gobierno de dar amnistía general a los participantes en la guerra civil de 1851 y la crisis económica, que nuevamente se dejaba sentir en 1857.

Los efectos de la crisis económica fueron fuertes y redundaron en «una baja en los precios del cobre, la harina y el trigo. La exportación del trigo a California disminuyó de $275.763 en 1855 a $178.484 en 1858 y la de Australia de $2.698.911 en 1855 a $200.000 en 1858»[249]. La contracción del crédito determinó también una escasez de moneda que paralizaron la actividad comercial en Valparaíso, junto con esto se generó reducción de faenas, cesantía y quiebras[250].

Por otro lado, el centralismo seguía siendo una política permanente. En 1854 la ley de municipalidades arrebató a los municipios la mayoría de sus atribuciones y recursos, lo que mantenía la tensión entre las provincias y la capital.

En las elecciones parlamentarias de 1858, la oposición liberal obtuvo importantes triunfos en Valparaíso, Linares, Copiapó y La Serena, así como también ese mismo año, al igual que el que precedió a la guerra civil de 1851, se formaron una serie de clubes políticos que terminaron levantando como bandera de lucha, la conformación de una asamblea constituyente[251].

En los primeros meses de 1859 una serie de levantamientos se propagó por todo el país. «Las fuerzas antigubernamentales eran muchas más heterogéneas, en términos ideológicos, que en 1851. Reflejaban las múltiples fisuras de las facciones peluconas

---

247   Loveman y Lira, *Las suaves cenizas del olvido: vía chilena de reconciliación política 1814-1932*, 156.

248   Ibíd., 157.

249   Vitale, «Las guerras civiles de 1851 y 1859 en Chile», 41.

250   Ibíd.

251   Ibíd., 43.

y liberales»[252]. Otra diferencia es que en 1859 el ejército del sur permaneció leal y el general De la Cruz rehusó apoyar a los rebeldes[253].

Así el 5 de enero estalló la revuelta en Copiapó, el 15 del mismo mes se desató en Talca y en febrero en Talcahuano y Concepción. A eso se sumaba una rebelión de mineros en Lota y Coronel y las escaramuzas de los montoneros en el sur. La facción liberal moderada permaneció fiel al gobierno.

Las tropas gobiernistas derrotaron a la oposición en abril de 1859 en Cerro Grande, luego de lo cual envió tropas al resto del país para retomar Copiapó y reprimir a los bandidos, montoneros e indígenas[254]. Terminaba así el intento violento por derrocar al gobierno y reformar la constitución.

La complejidad de los conflictos militares desarrollados en Chile entre 1850 y 1870, que integran tensiones políticas y crisis económicas en una sociedad en transición a la modernidad, hace posible que problematicemos respecto al carácter de la participación de los sectores populares en ellos, discutiendo la lectura tradicional de que son solo masas descerebradas utilizadas por la elite.

La violencia de los sectores populares en el contexto de los conflictos interoligárquicos

La participación de los sujetos populares en el contexto de las guerras interoligárquicas ha sido y sigue siendo un espacio de disputa para las interpretaciones históricas. Hay quienes ven en dicha participación una simple manipulación de la elite que hace uso de la violencia irracional de estos sectores para alcanzar objetivos que solo los beneficie a ellos como clase[255]. Otros autores rescatan la relación de los sectores populares con el liberalismo en un periodo en el que el conservadurismo oligárquico reprimía a sus opositores políticos, pero también de manera cruenta al pueblo pobre[256].

---

[252]   Loveman y Lira, *Las suaves cenizas del olvido: vía chilena de reconciliación política 1814-1932*, 167.

[253]   Ibíd.

[254]   Ibíd.

[255]   Alberto Edwards, *El Gobierno de Manuel Montt* (Santiago: Editorial Nacimiento, 1932). Esta es la explicación recurrente en la historiografía tradicional chilena.

[256]   Luis Vitale, en *Interpretación marxista de la historia de Chile»*, vol. iii (Santiago: Ediciones CELA; RUCARAY; CRONOPIOS, 1992), respecto a la relación de los sectores populares con las aspiraciones liberales de la guerra civil de 1851, señala que «la guerra civil de 1851, iniciada como una pugna inter-burguesa, cambió la fisonomía social con la incorporación masiva a la lucha de obreros y artesanos. El carácter policlasista del movimiento, que unía en un amplio frente a sectores burgueses con explotados, sufrió una prueba de fuego cuando los campesinos, obreros y artesanos comenzaron a ocupar minas y fundos. Ante esta agudización de la lucha de clases, que podría sobrepasar los planes de la burguesía opositora, más de un capitalista "democrático" y liberal se pasó a las filas del gobierno, que al fin de cuentas por encima de su autoritarismo "conservador" garantizaba el orden

Finalmente, y en el contexto de los estudios sobre bandolerismo, la gran mayoría de los autores plantean que la participación de los sectores populares en dichas guerras fue una expresión más de un bandolerismo delictual, movido solo por los intereses particulares en una coyuntura que permitía el saqueo, sin ver en esta acción ningún interés de tipo político o de confrontación clasista[257].

Esta misma discusión tiene una expresión más amplia en los debates dados sobre las motivaciones de la violencia social ejercida por los sujetos populares. En relación a esto, las explicaciones estructuralistas nos plantean que los pobres se movilizan estimulados por las condiciones en que viven, es decir, por sus carencias, la explotación y la dominación, en el fondo, que las revueltas protagonizadas por los sectores populares son en su mayoría incitadas por el hambre. La incorporación de elementos nuevos a la interpretación de las acciones de los sujetos populares, estuvo dada en sus inicios por las aportaciones de los historiadores británicos marxistas como Rudé, Thompson y Hobsbawm, quienes plantean la imposibilidad de explicar todo por las relaciones estructurales que determinan a los sujetos, sugiriendo la aplicación de categorías históricas de análisis como identidad, costumbres, cultura o ideología.

Teniendo en cuenta esta discusión, creemos que para comprender y explicar la incorporación y las expresiones de violencia de los sectores populares rurales en el contexto de las guerras civiles interoligárquicas de mediados de siglo xix, debemos evitar un juicio dicotómico que se refiera exclusivamente a si estos actuaron con o sin conciencia revolucionaria.

Entendiendo que las acciones de confrontación a las que nos referimos son conflictos eminentemente interoligárquicos, debemos separar las razones por las cuales a la elite le interesa que el pueblo se movilice de las motivaciones que tenían los propios sectores populares campesinos para involucrarse en el conflicto. Respecto a las primeras diremos que la elite ve a los sectores populares como parte del terreno en disputa y como fuerza a movilizar. No obstante, los sectores populares tomaban parte de estos levantamientos en cuanto significaban una oportunidad para evidenciar sus descontentos. No se levantaban en defensa de los ideales políticos de la elite, pero se aliaban con esta en contra de un mismo enemigo que para ellos tenía una representación distinta. No era el poder como administración del Estado, sino como disciplinamiento, represión y explotación.

Pero la identificación de este enemigo y la decisión de participar en la contienda pasaban primero por la creación de elementos culturales que dieran forma a una

---

y el respeto a la propiedad privada». Véase además Grez, *De la regeneración del pueblo a la huelga general. Génesis y evolución histórica del movimiento popular en Chile (1810–1890)*.

[257] Valenzuela, *Bandidaje rural en Chile central. Curicó, 1850-1900*; Bersezio, «Bandolerismo en Rancagua. 1850-1890»; Valdés, «Historia social de la delincuencia y el bandolerismo en la provincia de Concepción 1835-1860».

identidad común. Estos elementos culturales son las vivencias cotidianas de un sujeto desarraigado que construye su vida transgrediendo las normas, burlando la ley, violando la moral. Que crea un código paralelo de relaciones que lo conectan con su comunidad y donde la violencia y la transgresión son elementos cotidianos.

La violencia también puede significar un elemento cohesionador, a pesar que generalmente a esta se le asocie con los procesos de disolución social, tiene también la virtualidad de aparecer como elemento cohesivo de una comunidad en determinadas circunstancias. La violencia no es una cualidad de estructura, pero en la práctica puede actuar como «estructurante» político y social[258]. En este momento histórico, donde la conformación de la identidad de clase está en proceso de constituirse, la violencia vivida por todos dentro de los sectores populares es un elemento cohesionador que otorga identidad. Rasgos de esa violencia cotidiana son la delictualidad ocasional y el bandolerismo, que adquirirán un grado mayor de desarrollo en los contextos de enfrentamientos.

Es necesario distinguir el tradicional bandolerismo desarrollado por los sectores populares en el ámbito rural, de las acciones violentas que derivan en pillaje y salteo en el contexto de las guerras civiles. El primero, sería una acción de transgresión a la ley, a la autoridad, a la moral y sobre todo a la propiedad, pero como una forma de rebeldía sin definir conscientemente sus víctimas. En cambio, la expresión de violencia bandolera en una guerra civil tiene un enemigo definido y esa definición, al darse en un contexto político, es política, esto convierte al grupo que se mueve siguiendo un caudillo o líder, en una guerrilla montonera. Ana María Contador, haciendo la diferencia entre estas dos expresiones, señala que el bandidaje corresponde a una realidad social y la guerrilla, en cambio, a una realidad político–militar. La primera se mantiene en la historia a veces masificándose, la segunda irrumpe en los procesos de confrontación bélica[259].

Al referirnos a la irrupción de los sectores populares en los conflictos armados de la elite, estamos hablando desde los sectores populares, ya que para las clases dominantes no existe tal irrupción, solo la movilización del pueblo para servir sus intereses. La mirada desde abajo nos permite individualizar las acciones de los sectores populares en este contexto y reconocer las particularidades del accionar popular en estos conflictos más allá de la acción movilizadora de la elite, buscando móviles propios y accionar autónomo.

Pese a que reconocemos que existe un actuar autónomo de los sectores populares en los conflictos armados del siglo xix, no podemos desconocer que la mayoría de la

---

258   González Callejas, «La definición, caracterización y análisis de la violencia a la luz de las ciencias sociales: una reflexión general».

259   Contador, *Los Pincheira. Un caso de bandidaje social. Chile, 1817-1832*, 144.

población campesina nutrió las filas de las guerrillas conducidas por la elite, peleando bajo el mando de ilustres revolucionarios liberales. Se repite así la situación vivida años antes en el contexto de la lucha por la independencia, donde propietarios o representantes de la elite política arman al pueblo, involucrándolo en los conflictos superestructurales.

Esta participación popular es diferente en constitución y repertorio según nos refiramos a la ciudad o al campo. Mientras que en Santiago, La Serena, Talca, Concepción y Valparaíso, los sectores que nutrieron la oposición liberal y que tomaron parte de los levantamientos eran principalmente artesanos, en el campo estamos hablando de pocos pequeños propietarios y, de manera mucho más extendida, de peones o trabajadores de muy baja calificación y grados de disciplinamiento. Las implicancias que esto tiene es que en las ciudades y campamentos mineros existe una autonomía más extendida respecto a la participación popular en los levantamientos, que adquieren la forma de motines, en el que artesanos y pueblo en general, utilizando palos, cuchillos y armas, ocupan espacios que simbolizan el poder político[260]. En el campo, en cambio, la movilización se realizaba a través de columnas guerrilleras, las que se conformaban de campesinos enganchados. En Concepción por ejemplo, durante la guerra civil de 1851, a las milicias organizadas por Alemparte y Pedro F. Vicuña se sumaban 300 huasos reclutados en la zona[261]. En 1859, Pradel dirigía las acciones montoneras entre Concepción y Arauco, Tirapegui en Chillán, Vallejos en Talca y Carrera entre San Fernando y Rancagua.

Los medios para acarrear o cooptar las voluntades populares por parte de la elite eran diversos. Entre ellos podemos señalar el reparto de licor, lo que generaba en muchas ocasiones acciones de descontrol, revuelta y desacato a la autoridad. Lo anterior queda evidenciado en el testimonio de un reo que es acusado de «encuadrillar» a un sargento primero del batallón cívico junto a otros sujetos y agredirlo. El acusado se defiende diciendo:

> Es verdad que el veintinueve de marzo último tire un ladrillo a la cabeza a Don Bernardo Sanches, que era entonces ayudante de policía, esto lo hice excitado por el licor que a todo el pueblo nos repartían en ese día los del partido de oposición[262].

La relación entre los sectores populares y los partidos políticos, especialmente los liberales, es una constante en América Latina. Para el caso de Cuba, Imilcy Balboa relaciona las acciones de transgresión cotidiana y el bandolerismo con el liberalismo independentista. Según la autora, el periodo que va desde 1890 a 1895 está marcado

---

[260]   Grez, *De la regeneración del pueblo a la huelga general. Génesis y evolución histórica del movimiento popular en Chile (1810–1890)* 369-371.

[261]   Vitale, «Las guerras civiles de 1851 y 1859 en Chile», 31.

[262]   ANJC, 1858, vol. 148, foja 32. Juicio contra Calixto Becerra por heridas contra un policía.

por la mezcla de acciones de carácter político a favor de la independencia, con las manifestaciones cotidianas de resistencia y actos propiamente de bandolerismo. El elevado número de jornaleros en contraposición al decrecimiento de los campesinos estaba indicando a su vez el incremento de los desposeídos, la población rural se vuelve más vulnerable frente a los mecanismos del sistema pero a su vez más dispuesta a emprender acciones de otro carácter, pues no posee nada que le ate, circunstancia que le imprimió a las manifestaciones de protesta un carácter más agresivo y repetitivo[263].

La misma relación aparece para el desarrollo de las guerras civiles entre conservadores y liberales en el Perú. Charles Walker señala por ejemplo, que un acercamiento entre los bandoleros y los grupos liberales generaba el contexto y las condiciones para actuar en contra del Estado, hacendados y otros grupos cercanos al poder. Según el autor, «estos bandoleros o montoneros pactaban frecuentemente con los movimientos políticos, mayormente liberales en épocas de guerras civiles contra gobiernos conservadores. El hecho de que estas alianzas fueran efímeras, efectivas para derrocar un régimen, pero no para constituir una organización política duradera, no disminuye su importancia»[264].

En Argentina, la existencia de las montoneras es de larga data. Estas, dirigidas por sus caudillos, «prolongaron en un escalafón más alto de conciencia política y organización militar, las formas primitivas de lucha en el campo»[265]. Mientras que en Colombia, según Gonzalo Sánchez y Donny Meertens, el desenvolvimiento de las montoneras en un contexto de conflicto político transforma a estas bandas armadas en bandoleros políticos, independiente de cuáles sean las estrategias de ataque que utilicen[266].

En Chile, esta relación no ha sido estudiada mayormente. Cuando se habla desde el proceso en general que significan las guerras civiles, se señalan las motivaciones de la elite y cómo los sectores populares se plegaban a esta.

Sergio Grez, para la guerra civil de 1851, plantea que en la Provincia de Concepción existía un «apoyo casi unánime de todos los sectores sociales a la candidatura del general De la Cruz», lo que permitió crear un amplio frente único opositor que comprendía «desde los grandes propietarios agrícolas, hasta las tribus indígenas, pasando por los

---

263   Balboa Navarro, *La protesta rural en Cuba. Resistencia cotidiana, bandolerismo y revolución (1878-1902)*, 83.

264   Walker, «Montoneros, bandoleros malhechores: criminalidad y política en las primeras décadas republicanas», en Carlos Aguirre y Charles Walker (eds.), *Montoneros, abigeos y malhechores. Criminalidad y violencia en el Perú, siglos XVIII-XX*, 107-136.

265   Hugo Chumbita, *Jinetes rebeldes*.

266   Gonzalo Sánchez y Donny Meertens *Bandoleros, gamonales y campesinos. El caso de la violencia en Colombia»* (Bogotá: Ancora Editores, 1983).

artesanos y trabajadores urbanos»[267]. Así, no es extraño que la «revolución» haya tenido una masiva participación popular y que esta tenía una clara opción política, ya que el liberalismo no solo habría representado intereses de la elite sino que también habría entroncado con las aspiraciones de la clase popular.

Sin embargo y coincidiendo con Grez, la participación popular en forma de guerrillas montoneras no solo significó que cierta cantidad de peones y campesinos se sintieran representados por la oposición política de entonces, sino que también representó una confrontación social existente en lo más entrañable de la sociedad chilena.

Creemos que los pobres del campo tenían razones suficientes para el alzamiento y que estas se derivaban, más que por la identificación con los intereses liberales, con el rechazo al poder mismo que para ellos representaban los sostenedores de la opresión y la explotación. Por otro lado, los peones y campesinos contaban con una experiencia cotidiana de transgresión y una imagen de la insubordinación representada en el bandolerismo, así, el discurso oculto disfrazado hasta entonces se hace evidente y se despliega no solo contra los representantes del poder, sino contra los propietarios. Independiente de que, en tiempos de estabilidad, el bandolerismo haya sido una expresión de violencia social que muchas veces los hubiera perjudicado a ellos mismos, en el contexto del levantamiento general era la representación de la rebeldía y de la violencia contra el enemigo.

La conformación y acciones de las montoneras

El reclutamiento para la conformación de las guerrillas montoneras estaba a cargo de los caudillos o líderes opositores importantes de cada localidad. Lo anterior lo podemos graficar a partir de los juicios llevados adelante en contra de estos individuos. Por ejemplo, el que afectó al clérigo don Pedro Pablo Vásquez, en donde se señala:

> El citado religioso se ocupa constantemente de alternar en las tabernas con la gente baja del pueblo, embriagándose e invitándolos a la rebelión, bajo el pretexto que el gobierno tiraniza a los ciudadanos, i que deben unirse a la rebelión encabezada por el general Cruz, para gozar de libertad. De este modo se sabe de positivo que a logrado hacer desertar a varios soldados i que trabaja diariamente con mas esfuerzo por separa a la guardia cívica de este pueblo del cumplimiento de su deber[268].

Pero sin duda, los sectores populares tenían sus propias razones para levantarse y conformar montoneras. Uno de esos motivos era el enganche forzoso que se hacía

---

267   Grez, *De la regeneración del pueblo a la huelga general. Génesis y evolución histórica del movimiento popular en Chile (1810–1890)*, 364.

268   Intendencia del Maule, departamento de Linares, 1851, vol. 83.

a gañanes y todo aquel que se considerara vago.[269] Los liberales denunciaban esta situación como una tropelía contra los derechos civiles. Así quedó demostrado en la denuncia realizada a través de uno de sus periódicos.

La intendencia con fecha de hoy ha decretado lo que sigue:

Tomando en consideración que los repetidos hurtos de animales que se cometen, tienen su causa en la multitud de gente vaga y desconocida que licenciosamente recorre los campos sin tener otro género de vida que la rapiña.

Considerando también que sujetándose esa clase el reconocimiento de un cuerpo de milicia, influirá en su moralidad, y en la seguridad pública la disciplina, régimen penal y subordinación del servicio miliciano.

1º Desde el próximo 1º de marzo entrante todos los individuos de la provincia que no estuviesen exceptuaos por lei, o costumbre del servicio de la guardia nacional, deberán reconocer un cuerpo de milicias, y en la colocación correspondiente.

Los Subdelegados quedan así mismo encargados de velar por el cumplimiento de este decreto, haciendo uso de sus atribuciones para indagar la ocupación y modo de vivir de los individuos que en la época fijada no estuviesen alistados en la guardia nacional, y persiguiendo a los vagos. Anótese y circúlese[270].

Las medidas represivas y persecutorias contra la población generaban una sensación de molestia sobre todo en los más pobres, que sufrían constantemente de estos agravios. De esta manera, no es difícil imaginarse por qué los sectores populares integraron masivamente las montoneras o los levantamientos que se realizaron en las distintas partes del país.

Las acciones adoptadas por el Estado solo evidenciaban que, aparte de la necesidad de mantener disciplinada la mano de obra y controlada a la población, existía una carencia de personal para cumplir con las labores de seguridad. Dicha presión o requerimiento fue cubierto de manera involuntaria durante las primeras décadas de la república por los sectores populares. Es por eso que podemos explicar cómo los celadores en las cárceles a menudo se coludían con los presos y los dejaban escapar o, incluso, les daban permiso para salir por las noches; lo mismo ocurre con soldados que constantemente son sorprendidos cometiendo delitos en conjunto con delincuentes de abundante prontuario. La lealtad y correspondencia con las instituciones del Estado no existe para los sectores populares. En función de lo anterior, no podemos asegurar que los batallones de las milicias se

---

[269] El concepto de vago y la relación entre mundo popular y las categorías de la elite han sido estudiadas por Alejandra Araya, *Ociosos, vagabundos y malentretenidos en Chile colonial* (Santiago, DIBAM/LOM ediciones, 1999), aunque para la colonia el calificativo de vagabundo y malentretenido siguió manteniendo importancia durante todo el siglo xix.

[270] Publicado en *El Amigo del Pueblo*, Concepción, 31 de marzo, 1858.

levantaron en pos del ideal liberal, lo que parece más cierto es que aprovecharon el contexto de incertidumbre para levantarse contra la subordinación o simplemente huir.

Ejemplos de este actuar popular hay muchos, entre ellos el caso de un Escuadrón de la zona de Curicó en el contexto de la guerra civil de 1851. Según informa a sus superiores el segundo jefe de cantón:

> A las cinco de la mañana del día de ayer hice montar al escuadrón y a mis órdenes debían marchar para Talca.
>
> Al llegar al estero Guaiquillo se insurrecciono toda la tropa, sin ver yo mas hombre con que contar que el comandante y el ayudante de dicho cuerpo procure contener la insurrección valiéndome de la mas extrema sagacidad i prudencia, pero me fue imposible i solo pude atraer a unos cuarenta y tres hombres incluso los sargentos; pero no bien cierto de su buena fe me retire con ellos al cuartel[271].

Así como la deserción masiva de los batallones fue una experiencia repetida, la apertura de las cárceles fue también una de las acciones recurrentes realizadas por los amotinados, luego de eso, se les incitaba a participar de la rebelión. Según las autoridades del gobierno departamental de Curicó, las montoneras se constituían con todos los elementos del pueblo pobre, presos, soldados desertores, «rotos y huasos»[272]. Por otra parte, los medios necesarios para apertrechar la guerrilla eran obtenidos de los salteos hechos a cuarteles o a los mismos batallones que se trasladaban con recursos en las zonas de mayor conflicto e inestabilidad durante la guerra civil de 1851. Según el periódico *La Civilización*, desde Santiago se remitió

> Al campamento del General Bulnes una caballada considerable para su ejército, custodiada por alguna tropa cívica de Chimbarongo i la Placilla. Al llegar a los Cerrillos de Teno, renombrados por los salteos de las antiguas bandas, deshechas de pocos años en esta parte, las milicias fueron asaltadas por una partida de veinticinco ladrones políticos, que intentaban apoderarse de la caballada[273].

En los contextos de las guerras civiles interoligárquicas, el poder se resquebraja y se debilita, la inestabilidad política y la falta de cohesión en la elite provocaban que el insuficiente contingente militar en algunas plazas facilitara que las hordas populares pasaran por encima de la autoridad y tomaran todo lo necesario para proseguir la toma de poblados y haciendas. Según un oficio enviado a la Intendencia de Talca,

> [El] lunes 14 del corriente como a las tres de la mañana una montonera de sesenta a setenta hombres capitaneados por Don Pedro Nolasco Letelier i otra cabecilla de la revolución de esta ciudad, penetraron en el pueblo de Molina i se apoderaron del cuartel.

---

[271]   Intendencia de Colchagua, Gobierno Departamental de Curicó, 1851, vol. 37.

[272]   Ibíd.

[273]   Periódico *La Civilización*, Santiago, 21 de noviembre, 1851.

El guardia de esta, andaba solo de seis hombres de fuerza que por consiguiente no pudo resistir mucho tiempo. La amotinada sustrajeron de aquí cien fusiles, cincuenta sables i alguna carabina, i enseguida se dirijieron al Estanco cuyas puertas echaron abajo sustrayendo la cantidad i objetos que se refieren en el expediente que en esta fecha se remite al ministerio de Hacienda[274].

Las cuadrillas de hombres eran variables en número. Las comandadas por algún caudillo liberal importante o un conocido bandido de trayectoria eran muy numerosas. Por ejemplo, una de las montoneras más importante, en Curicó, que era liderada por don Matías Ravanal, llegó a contar con más de cuatrocientos hombres que, según las autoridades, «obedecieron a Ravanal por el aliciente del saqueo»[275].

Otras partidas de montoneras eran más pequeñas y precarias, incluso había algunas que no pasaban la docena de hombres. Se encontraban en las localidades rurales con una menor cantidad de población o alejadas de los centros políticos regionales. Ocupaban y controlaban espacios más reducidos y su capacidad o peligrosidad obedecía a la destreza que tenían para movilizar sus componentes y recursos. Lo anterior, lo podemos comprobar a partir de los informes enviados por los subdelegados a la Intendencia de Colchagua. Según relata una de estas autoridades:

En este momento 11 ¼ de la mañana, se me comunica por el correo de Valentín Barahona i por dos personas mas, que en el estero de Chimbarongo se encuentra actualmente una partida como de diez a doce hombres, los mismos que no han permitido que dicho correo pase su camino i por lo tanto ha vuelto a dar parte[276].

En general, estas eran bandas desprendidas de las montoneras que se desarrollaron en el contexto mismo de la guerra civil de 1851 y que se dedicaban al saqueo y robos por cuenta propia. Muchas de ellas seguirán sus correrías hasta mucho después terminado el conflicto. Algunas, aludiendo motivos políticos, asaltaban a transeúntes y casas para despojarlos de sus bienes. La siguiente es la descripción de una de estas cuadrillas.

El tres de mayo ultimo una partida armada como de veinte i cinco hombres, asalto la casa de Silvestre Pino en el lugar de los Quillayes, subdelegacion de Pelarco.

Los ladrones hicieron que se les abriesen las puertas de la casa, presentando que era unos hombre honrados i que iban de orden del Intendente don Antonio Concha a buscar armas porque los opositores se habían llevado las que existían en Molina.

No se ha probado que la partida mencionada se organizare con objeto de ocuparse habitualmente en robar que lo que la constituiría en cuadrilla siendo lo mas probable que lo hiciese prevalida del licor y del desorden que reinaba en los campos con motivo de la revolución pasada[277].

---

[274]   Intendencia de Talca, 1859, vol. 36.

[275]   Ibíd.

[276]   Intendencia de Colchagua, 1852, vol. 18.

[277]   AJT, 1859, vol. 746, foja 8.

Las incursiones y los asaltos que se realizaban a las haciendas por parte de las montoneras, eran denunciados públicamente por los terratenientes y los periódicos conservadores. En algunos de los ataques, los rebeldes llegaban, las saqueaban y luego las abandonaban. En otras ocasiones, en cambio, servían como cuartel a las guerrillas. Uno de los hacendados afectados, en carta al conservador diario *La Civilización* se quejaba:

> El 7 me sorprendió en Molina la pequeña fuerza que allí tenía una montonera formada en la Provincia de Talca, i en campos vecinos a mi estancia, comandada por un tal Matias Ravanal. Después de la sorpresa referida, se fue la montonera a la casa de mi hacienda, i allí permaneció. Rompieron las puertas, i cuanto había de mi posesión se entregó a las garras de la montonera i de la multitud que los acompañó a robarme. Allí permanece hasta la fecha: se matan diariamente 6 u 8 novillos para la tropa i para que coma cuanta chusma se les junta. La tienda, granos, licores i cuanto yo tenía, todo ha corrido ya. A ningún otro hacendado se perjudica sino a mí[278].

Las acciones se mantuvieron por meses aun después de ser sofocada la rebelión. A quienes eran cabecillas de las montoneras se les trataba de una forma distinta según cual fuera su origen social. A los líderes populares se les aplicaba el apelativo de facinerosos, ladrones, corruptos e inmorales, pero también se les juzgaba con la comprensión del que sabe que este tipo de sujeto no actúa con la conciencia de saber lo que hace, sino que es llevado por los bajos instintos que como clase le corresponde. Dicha concepción y preocupación respecto de las montoneras compuestas por los sectores populares queda graficada en una reflexión del Periódico *La Civilización*. Según estos

> Si en estas circunstancias no se obre con rigor, de nuestros mismos peones se reforzarán cuando quieran; pues la plebe toda del departamento de Lontué al fin es plebe[279].

A los ideólogos de la revuelta, la elite liberal, no se les juzga por las ideas que impulsaron el movimiento, sino por la anomalía que significa que gente de su clase adopte actitudes incivilizadas y se mezcle con ladrones e inmorales.

> Una guerra de bandidos y a la cabeza de esas hordas infames i corrompidas, hombres que han querido ser desentes. En Talca un Vallejos, un Vargas; en el Maule un Pando, Un Urrutia, Un Arce, un Las Heras! ¡Ira de dios![280].

El desprestigio del movimiento y, sobre todo, la negación de cualquier pensamiento político o ideal en las clases populares, es una prioridad para los conservadores y el gobierno. En cada escrito, se resalta el carácter popular de la revuelta a modo de crítica y de escándalo.

---

278   Periódico *La Civilización*, Santiago, 20 de diciembre, 1851.

279   Ibíd.

280   Periódico *El Maulino*, Cauquenes, 5 de marzo, 1859.

Sí, lo que nos queda es la desmoralización que concluir, i la desmoralización que produce saqueos, asesinatos i la destrucción de un ferrocarril, no debe concluirse por tratados, ni por la lenidad mal comprendida.

Resta hacer la diferencia que corresponde entre delito político que hasta cierto punto merece la compasión de la ley i el crimen social, instigados por los instintos de la destrucción feroz, que no admite disculpa en caso alguno[281].

Un ejército que no es ejército porque no obedece a rango, disciplina ni jerarquía. Actitudes propias, según los conservadores, de los sujetos populares.

Es un ejército, podría decirse, de hombres, capitaneados por una sombra, porque hasta su nombre lo ha perdido el pobre Cruz que ya no se firma sino el jefe de los libres, es decir, el jefe de una multitud informe de bandoleros, entre las cuales figuran los presos de todas las cárceles de la provincia

Los generales visten ahí, según el mismo oficial, de mantos largos i gruesos pellones; no se ve una corbata salvo el Carampangui, que está todo despedazado. Los correajes son de cuero puro con su pelo i su lana. Todos mandan, todos ponen contribuciones i cada cual se ha dado la graduación que ha querido[282].

Pero lo más importante a destacar, es el vicio de quienes comandan la revuelta, el peligro que significa estar en manos de seres que no tienen ningún freno a sus pasiones. Según Walker, para el caso peruano, los conservadores anulaban la participación de la «plebe» definiéndola como sub–humano, para justificar la posición de esta en la sociedad[283]. Estas características de bestias, es lo que la prensa difunde de la actuación popular en el conflicto.

Duermen todos revueltos hombres i mujeres en los campamentos i al infeliz que cae en aquella barahunda le quitan su caballo, si va montando, lo rejistran, si va de pie, ven si lleva algo que comer, esto es si no lo obligan al servicio.

Triste es, amigo mío, nuestra situación. Ya que el destino nos ha traído a nuestra carrera, no hai una cosa más triste que tener por enemigos a bárbaros como los que ha sacado este viejo corrompido, artesanos i labradores llevados a las filas por el terror, i todos chilenos. Nuestros soldados se avergüenzan de matarlos i tienen razón ¿Qué especie de gloria se puede ganar combatiendo contra imbéciles i bandidos? A la verdad te digo, a lo menos por mi parte, que este es el sacrificio más caro que hago a la tranquilidad de mi país i el triunfo de la lei[284].

---

[281]   Periódico *La Civilización*, Santiago, 6 de enero, 1852.

[282]   Ibíd.

[283]   Walker, «Montoneros, bandoleros malhechores: criminalidad y política en las primeras décadas republicanas», en Carlos Aguirre y Charles Walker (eds.), *Montoneros, abigeos y malhechores. Criminalidad y violencia en el Perú, siglos XVIII-XX*.

[284]   Ibíd.

Hay un aspecto en el que es importante detenerse, esa misma visión de barbarie, irracionalidad, debilidad moral de los pobres, es lo que hacía que la elite interpretara la participación en la revuelta como simples marionetas de caudillos ambiciosos e inescrupulosos. Esto determinó que la sanción social se aplicara de acuerdo con la jerarquía que ocupaba cada quien en el movimiento. Entendiendo que los desposeídos se dejan llevar por sus instintos, son menos responsables que los líderes de las montoneras, que son los que incitan al pueblo a alzarse.

> Restablecido el orden y la tranquilidad publica en esa provincia el primer deber de las autoridades es velar por su conservación y afianzamiento de una manera propia para impedir la repetición de los escandalosos atentados que justamente deploraba la república. A la generosa indulgencia con los que han tomado una participación subalterna en esos excesos o que no se hagan manchado con la perpetración de crímenes atroces conviene unir una aptitud enérgica y severa para con los caudillos que les han precipitado en la senda de la revuelta y particularmente para con aquellos que por su reincidencia en esta clase de delitos dan muestras inequívocas de que su obstinación no es capaz de doblegarse ni ante el mas generoso olvido de sus excesos pasados[285].

Es difícil tener una visión de las guerrillas montoneras que no sea la retratada por sus oponentes. Los que se suponen sus aliados, nos referimos a los liberales, no han dejado escritos sobre la participación popular en las guerras civiles, no hay una reivindicación de este aspecto y, por lo contrario, la imagen que representan de los pobres también es de desconocimiento de cualquier conciencia política en sus acciones o motivaciones.

> Incluso el liberalismo más radical de Santiago Arcos señalaba que «los soldados que pelearon en Longomilla, peleaban por el patrón Bulnes o el patrón Cruz —peleaban por la comida, vestuario y paga— y sería extraño que de otro modo hubiese sucedido— vencedor Cruz o vencedor Bulnes el inquilino permanecía inquilino y el peón peón. Si de otro modo hubiese sido, si alguno de los dos generales hubiese ofrecido utilidades prácticas, materiales, visibles al patrón, el otro general hubiese quedado sin soldados antes que se desempeñase la acción»[286].

Los juicios e informes de Intendencia y Gobernación tampoco nos dicen mucho. En el caso de los informes solo existe una presentación de los hechos cuando se da cuenta a los superiores y cuando se remite al juzgado algún preso. Además, los casos de juicios por montoneras, por subversión o revolucionario son muy pocos y menos aún los que tienen sentencia. Un análisis de ellos, la verdad es que nos deja bastante pocas conclusiones, entre ellas, que quienes son juzgados presentan las mismas características de quienes participaban en el bandolerismo, son personas jóvenes, de

---

[285]   Intendencia de Talca, 1859, vol. 32.

[286]   Carta de Santiago Arcos a Francisco Bilbao, cárcel de Santiago 1852, en Sergio Grez, *La Cuestión social en Chile. Ideas, debates y precursores* (1804-1902) (Santiago: Dibam, 1995).

sexo masculino, de oficio peón gañán y en su mayoría, y frente a la declaración, no reconocen los hechos.

Ante la situación de revuelta generalizada, es difícil la captura de quienes participaban en las montoneras. Por lo demás, el espacio rural por sus características permite el ocultamiento de personas, lo cual facilitó la internación y existencia luego de terminado el conflicto de varias bandas en los cerros por meses, hasta que poco a poco, comenzaron a integrarse a la vida cotidiana, caracterizada en algunos casos por el desarrollo habitual del mismo delito, pero en otro contexto. De esta manera, la mayoría de los participantes en las guerrillas no fue apresado, ni mucho menos juzgado.

Para el caso argentino, un estudio específico sobre una montonera hecho por Raúl Fradkin[287] también señala la dificultad para llegar a conocer la realidad de la composición de las montoneras. Como sugerencia y opción metodológica tomada por el autor, señala que es necesario reconstruir el entorno del sujeto, el ambiente que le da vida. Si aplicamos la lógica de este autor, entonces diremos que los bandoleros que actuaban en estos conflictos, recreaban en un contexto diferente las lógicas y las prácticas de transgresión cotidiana de los sujetos populares del campo, porque pertenecían a ese entorno.

Si bien la participación de los sectores populares la asociamos principalmente al sector liberal, lo cierto es que, al igual que durante las guerras de independencia, los pobres nutrieron las filas de ambos bandos y en más de algún caso pudieron sacar provecho de su participación en el conflicto. El reo por robo Juan de Dios González, a quien le quedaban unos meses para cumplir su condena, pide un indulto por haber participado en la restauración del orden durante los sucesos de la guerra civil de 1859. Este explica los hechos,

> Apenas fui puesto en libertad por los amotinados que abrieron las puertas de la cárcel, desprecié con indignación las sugestiones que me hacían para enrolarme en las filas del desorden y conocí entonces la posición en que debía colocarse todo hombre que como yo no era amigo de la revuelta. Si por la fragilidad de la naturaleza humana puede un individuo deslizarse en el crimen, la madura meditación de su falta y la experiencia que se adquiere en una prisión larga le hacen más prudente y mas juicioso.

> El dicho señor Intendente me honró con la comisión de formar una partida de gente poniéndome de acuerdo con los subdelegados Asistoriales y pocos días después pude presentar al mencionado jefe veinticinco hombres decididos por el orden.

No abundan desde los sujetos populares documentos como este, que justifiquen las opciones tomadas por estos, sobre todo si pertenecen al bando vencido. En esos casos no hay reivindicación de los actos y por lo tanto es muy difícil indagar en las

---

[287]   Raúl Fradkin, *La historia de una montonera. Bandolerismo y caudillismo en Buenos Aires, 1826* (Buenos Aires: Siglo XXI, 2006).

motivaciones de quienes participaron en las guerrillas montoneras. De todas maneras, las acciones nos hablan de una participación masiva y violenta.

Los ataques a la propiedad fueron muchos y a los centros de poder también. Los caudillos y líderes fueron indistintamente representantes de la elite como de los sectores populares, de hecho uno de los más famosos cabecillas, al que ya habíamos hecho mención, fue reconocido como un sagaz bandolero, Matías Ravanal. Este había estado preso anteriormente por robo, lo que podría explicar en parte su capacidad y experticia desplegada durante el conflicto.

La inexistencia de documentos que nos hablen de las intenciones o estímulos que tuvieron los sujetos populares para participar en estos hechos, nos obligan a interpretar sus acciones; sin embargo no es la única opción, las penas aplicadas a los que participaron en el levantamiento nos hablan de qué tan importante fue el impacto de dichas acciones. Podemos establecer por ejemplo que la pena más alta era decretada para quienes fueran los cabecillas de las montoneras.

> Resulta legalmente justificado que Benicio Arriagada fue Montonero i alguna vez jefe de las partidas de gente armada que sobresaltaron a las autoridades constituidas cometieron toda especie de delitos el años 59. 2° que el delito de subversión o motín no solo se comete atacando una plaza o la guarnición de la ciudad sino cualquiera otra de las autoridades constituidas, 3° finalmente que de la diligencia practicada por el facultativo don Pedro Fischer resulta ser falsa la afección mental que finge sufrir el reo Arriagada. Se revoca la sentencia del consejo de guerra i se condena al citado Arriagada a la pena ordinaria de muerte conforme a la ley[288].

La dimensión de las penas habla de la importancia que tiene el delito para una sociedad determinada, «la fuerza de las sanciones aplicadas para imponer la conformidad depende fundamentalmente de la cohesión del grupo subordinado de lo peligrosa que se considera la deserción[289]». Aquí estamos hablando de un sector social que siente que posee el dominio absoluto del país, esto alimentado por el triunfalismo que significa derrotar al enemigo y tener el control absoluto del poder.

> FUSILAMIENTOS.– El domingo fueron pasados por las armas dos desertores que se asilaron en las filas enemigas; de las que se huyeron para cometer un sin número de atrocidades en los campos, triste es ver fusilar a un hombre; pero a bandidos como estos es menester las últimas medidas, pues en ello se le hace un favor i se libra el público de sus horrores[290].

En los comentarios críticos de la época sobre la actuación de los sujetos populares no era la violencia en sí lo principal que se destacaba, sino los abusos contra la propiedad.

---

288   ANJT, 1860, vol. 771, foja 5. En juicio por salteo en el contexto de la guerra civil de 1859.

289   Scott, *Los dominados y el arte de la resistencia*, 56.

290   Periódico *El Maulino*, 5 de marzo, 1859.

Se han tomado algunos i se persiguen otros que con motivo de llamarse opositores i defensores de la patria, andaban cometiendo los mayores excesos i mni (sic) particularmente apoderándose de los bienes ajenos. Que no haya misericordia para estos malhechores pues de otro modo establecemos el precedente de ser un negocio volverse opositor; para los que tienen intereses, bueno, porque están libres de robo o contribuciones, para los que nada tienen, magnifico pues que se arremienden con lo ajeno. Adelante, que no haya piedad con los hijos de la revolución»[291].

La situación era grave, haciendas y comercios saqueados presentaban un panorama desolador, un comerciante de Talca se quejaba que debido a la acción de los amotinados había perdido todos los bienes y su comercio se había arruinado.

Que a consecuencia de los sucesos revolucionarios que hubieron lugar en esa ciudad el diez i nueve de enero ultimo mis tiendas i propiedades fueron completamente saqueadas, salvando apenas unos pocos efectos, recogidos después del rendimiento de la plaza, de la rapiña i destrozos de los amotinados. Este accidente desgraciado ha paralizado el curso de mis especulaciones comerciales reduciéndome a la triste necesidad de tener que implorar esperar i quitar de mis acreedores, garantizando bajo de fianza al cumplimiento de ellas.

Para dar cumplimiento a este compromiso de honor a favor de mis acreedores i no dejar en descubierto la responsabilidad de mis fiadores, he meditado detenidamente sobre el medio mas expedito i ventajoso de realizar todos mis intereses en Talca; i después de un prolijo examen sobre esta materia, me he decidido por el de una rifa públicas[292].

La reparación a los afectados era importante, desde el Estado se decidió que la compensación por daños hechos se otorgaría primero a los particulares, luego las municipalidades y finalmente al poder central, y si frente a la aplicación de la pena de muerte existen diferencias según la participación tenida en el hecho, no ocurre lo mismo para las responsabilidades económicas. Con fecha 5 de noviembre de 1860 se dictó el siguiente decreto.

PROYECTO DE LEI

Art° 1.– Los autores o cómplices de motines, asonadas o movimientos sediciosos son responsables solidariamente de los daños; perjuicios procedentes del motín o movimiento sedicioso a que hubieren cooperado.

La responsabilidad civil se entiende a la pérdida determinada que ha sufrido el perjudicado i al lucro cesante que ha sido consecuencia inmediata o directa del daño o perjuicio recibido.

---

[291]   Periódico *El Maulino*, Curicó, 5 de marzo, 1859.

[292]   Intendencia de Talca, 20 de julio de 1859, sección 1, núm. 32. Petición de José Agustín Bravo; solicita autorización para hacer una rifa.

Tendrán derecho a reclamar indemnización los particulares que hubieren sido perjudicados en sus personas o intereses, las municipalidades o establecimientos públicos i el Estado.

No bastando los bienes de la persona o personas responsables para resarcir todos los daños i perjuicios, serán indemnizados en primer lugar los particulares, en segundo las municipalidades o establecimientos públicos i en tercero el Estado[293].

Se terminaba la guerra pero no el conflicto, sobre todo porque este tenía una dimensión económica, las penas para la elite liberal que participó en los incidentes también afectaban a su patrimonio porque debía indemnizar a quienes perjudicó. La propiedad es algo que se debía defender y en definitiva los liberales pagarán caro el haber convocado al populacho en contra de la gente decente. Los pobres, como no tienen con qué retribuir los daños materiales hechos, pagaban con sus vidas o con azotes.

Como señalábamos, se terminó la guerra pero no el conflicto. Las cuadrillas de bandidos continuaban asolando los campos mucho después de derrotados los liberales, había sido fácil movilizarlos o más bien plegarlos al alzamiento, movilizados estaban desde antes, ahora era muy difícil quitarles la instancias de poder que significaban los caballos, las armas y la causa. Si antes atacaban transeúntes exigiendo la bolsa o la vida, ahora lo hacían a grito de ¡viva Cruz!, otorgándole a su actuar una legitimidad que antes no tenían, desarmar esta experiencia histórica era muy complejo[294].

Si bien el bandolerismo es una realidad permanente en el campo, los periodos inmediatamente después de las guerras civiles, comparados con los previos a estas, fueron momentos de aumento de este fenómeno. Las autoridades hacían ver su preocupación frente a los efectos que los conflictos armados tenían en la población y recomendaban la actitud firme por parte del gobierno.

La revolución pasada trajo consigo proporciones considerables de desmoralización y vicios entre las masas. Este estado de cosas si se quiere hacer que desaparezca exige una vigilancia represión enérgicas de parte de la autoridad para contener los funestos efectos que por su desarrollo deben producirse los cuales han de pugnar constantemente en contra de los hábitos de orden y la confianza de las gentes honradas bases indispensables en que se apoya la buena marcha de la sociedad[295].

Para terminar con estas situaciones, el retiro de las armas fue una labor indispensable, pero difícil y no se dudó en estimular su entrega a través de la

---

[293]   Publicado en *El Maulino*, Cauquenes, sábado 8 de diciembre, 1860.

[294]   Para una comparación de estas temáticas pero para el contexto de la guerra civil en el Norte Chico, véase la tesis citada de Claudio Pérez Silva y el trabajo de María Angélica Illanes, «¿Rabia o revolución?. Guerra civil en Chañarcillo (Chile, Atacama 1851–1852)», revista *Si Somos Americanos*, año 3, vol. IV.

[295]   Intendencia de Talca, 1859, vol. 36.

compensación económica. En función de lo anterior, la Comandancia General de Armas de la Intendencia de Talca comunicaba que:

> siendo de suma necesidad e importancia el que acuanto antes se proceda a reunir y depositar el armamento i demás pertrechos de guerra que se encuentran esparcidos en la provincia de us como así mismo los caballos comprados para el servicio del ejercito, dar usted las ordenes convenientes para que se de cumplimiento a esta medida a la mayor brevedad posible debiendo emplearse los medios mas eficaces i adecuados a fin de obtener todas las armas que se destinaron a la recién pasada campaña. Entre estos medios deberá elegirse el de conminar con pena a los ocultadores de cualquier arma de las antes dichas y el de señalar un premio al que las presentase o delatase al ocultador. Este premio sera de tres pesos por cada caballo, de dos por cada fusil i terterola, de uno por cada sable i proporcionadamente por las lanzas[296].

Aun así, las denuncias de acciones de bandidaje cometidas por sujetos desprendidos de las montoneras o bandas activas que seguían cometiendo salteos, eran una situación diaria. Quienes más denunciaban los casos eran los periódicos conservadores que resaltaban la calidad de bandidos de los otrora liberales, el desprestigio era la mejor arma en contra de los opositores políticos.

> En uno de los últimos días de la semana anterior, viniendo del Tomé al Parral, fue asaltado don Juan Antonio Pando por una partida de bandidos. Inmediatamente fue saludado con la disyuntiva de costumbre: «la bolsa o la vida»: pero, según se nos asegura, el asaltado conoció entre la pandilla a algunos de los que en mejores tiempos habían militado a sus órdenes en defensa de la libertad de los pueblos[297].

Lo que se implementó, para terminar con sucesos como estos, fue entonces una cruenta represión sobre todo aquel que osara a seguir manifestándose en contra de la propiedad y la institucionalidad triunfante. Las medidas represivas fueron, en 1852, la restitución de la pena de azote que había sido derogada en 1850 y, en 1860, la orden de fusilar en el acto a cualquiera que siguiera actuando en montoneras o bandas de asaltantes.

La relación de estos sujetos desbandados con la comunidad que les prestaba asilo, ya sea por solidaridad con sus acciones o por temor a las represalias, se convirtió en un problema para la seguridad de los campos y fué casi imposible de controlar por las fuerzas de seguridad. Para tratar de palearlo se dictó una ley en abril de 1859 que exigía que

> todo dueño de fundo, administrador o mayordomo debería avisar en caso de que por dicho fundo transitase, albergase o alojase una montonera [...] la infracción de este

---

[296]   Intendencia de Talca, 1852, vol. 20.

[297]   Periódico, *El Nacional*, Talca, 26 de marzo, 1863.

artículo será penada con cien pesos [...] siempre que se supiere que en un fundo se han albergado o alojado montoneras por más de una vez [...] se les juzgue y castigue

Como receptadores o auxiliadores de bandoleros[298].

La represión era la única salida, la pena de muerte se aplicaba como medida intimidatoria, los sujetos populares estaban haciendo uso de los aprendizajes de transgresión que constituían su discurso alternativo. Esto plantea un grave problema para la elite, cuando los elementos constitutivos del discurso oculto comienzan a aflorar, los grupos dominantes tienen dos caminos, legitimar el discurso público –que en estos momentos era evidente que no era posible, debido a que la legitimidad que había adquirido la violencia popular era difícil de revertir– o simplemente reprimir violentamente, otorgando un castigo ejemplar a quien ose cuestionar el poder.

La legitimación política de la violencia solo cabía para la elite, que era la única que tenía la consideración de ciudadanos, y se hizo a través de pactos y decretos que restituyeron los agravios. Para los pobres del campo, lo único pensado y restituido fue la lógica represiva y moldeadora de sus conductas.

Desde el mundo popular mismo, estas experiencias se transformaron en conocimiento, en referencias, en imágenes que nutrirán la identidad de los subalternos, que más tarde se constituirá en conciencia.

---

[298]   Memorias del Interior, 1859, vol. 70.

Contrariamente a lo que plantea la historiografía tradicional, las acciones de violencia son una constante en el desarrollo histórico de Chile, la construcción del Estado, el proceso de transición al capitalismo y las relaciones entre las clases sociales han sido erigidas sobre acciones de violencia política, de violento disciplinamiento social y de guerras civiles. En este contexto, merece la pena desarrollar estudios sobre las formas que adquiere la violencia política, social, moral y económica, entendiendo que es una nueva perspectiva desde donde podemos abordar las problemáticas históricas.

La violencia, como la hemos definido aquí, se ejerce en distintas direcciones, verticalmente desde el Estado a los subordinados, y de estos a la institucionalidad como respuesta por la exclusión y la represión. Horizontalmente, en dos niveles, entre las elites y entre los sectores populares. Entre la elite, la violencia se ha manifestado en el desarrollo de distintas guerras civiles durante el siglo xix. Mientras que, entre los sujetos populares, la violencia se ejerce en sus relaciones cotidianas, donde la tónica es la transgresión y la violencia privada y pública.

En esta lógica, abordamos la problemática de la violencia en un espacio específico como es el campo chileno en mitad del siglo xix, enfocándonos en aquella ejercida por los sectores populares. Hemos definido aquí, que entendemos por violencia, el ejercicio de la fuerza para el cumplimiento de objetivos en un contexto social y que esta acción no necesariamente se ejerce sobre un cuerpo o sobre la propiedad, sino también, sobre la moral y el pensamiento. El concepto de violencia, por tanto, se relaciona con la existencia de conflicto, es parte de su existencia, determinando entonces que donde hay violencia hay conflicto.

En este sentido, la acción violenta por parte de los sujetos populares evidencia el conflicto social existente en el mundo rural chileno decimonónico y, por lo tanto, no podemos verla como un acto irracional derivado de situaciones psicológicas, morales o simplemente con afanes de subsistencia. Lo que nos muestra la transgresión violenta de los sujetos populares en el campo es la subordinación, la exclusión, la represión y explotación que vive en su relación con la elite. A todos estos elementos responde trasgrediendo y violentando el orden, negándose al disciplinamiento laboral, desarrollando conductas al margen de la moralidad de la elite, violando la ley. Todas estas conductas son parte de la construcción que los sujetos populares hacen de sí mismo se construyen entonces como sujetos en la relación conflictuada con el poder. Es así como la violencia no es simplemente una acción pasional de los sujetos populares, es parte de la cultura de la precariedad y, por lo tanto, es consustancial a la sociedad de clases.

Los estudios de bandolerismo y violencia social en América Latina resaltan el elemento indígena existente en dichas acciones de rebeldía. En sociedades como la peruana y mexicana, el mundo campesino se constituyó sobre la tradición indígena por lo que sus revueltas y movimientos de protesta tienen la reivindicación del pasado y la tradición que también existió en Europa. En Chile sin embargo, la sociedad campesina indígena y la mestiza se desarrollaron escindidas, lo que provocó que el mundo popular campesino no haya podido dotarse de esta tradición. Nos atrevemos a plantear que esta es una de las razones por las cuales los movimientos de los sujetos del campo no tenían la reivindicación del pasado, creemos que quienes trasgredían la norma en el espacio rural no poseían una identidad campesina sino más bien una identidad peonal, de desarraigo y no de vinculación a la tierra. En ese sentido, no estamos de acuerdo con que en Chile no hubo levantamientos campesinos, creemos que sí los hubo, pero fueron protagonizados por el pueblo mapuche durante todo el proceso de modernización que parte en el siglo XVIII y no por el campesinado mestizo.

A mediados del siglo XIX, Chile está inmerso en un proceso de profundización de las transformaciones que se vienen sucediendo desde el siglo XVIII y que significan el tránsito hacia la modernidad. Ese tránsito es lento y arrastra con él las bases de la estructura colonial, que comienzan a desaparecer para dar forma a un nuevo orden, donde el capitalismo se impone trastornando todos los aspectos de la vida social. Estos cambios no se desarrollan solamente en las relaciones productivas, sino que también implican un cambio ideológico que transforma la administración del poder, y un cambio social que afecta principalmente a los sectores populares. Independiente de la fuerza de los cambios, Chile sigue debatiéndose entre la modernidad y la tradición, lo que evidencia claramente el momento transicional que está viviendo. La tecnología, los nuevos espacios productivos, la disminución de la influencia de la iglesia en la política, los ciclos de expansión del mercado externo, son el contexto en el que se desenvuelven los sujetos aquí analizados.

La trasformación que implica el ingreso a la modernidad también afecta a los sujetos del campo aunque muchos de los cambios no se profundicen en este espacio. El disciplinamiento laboral fue uno de los elementos que mayormente definió las conductas de estos sujetos, la resistencia a dicho proceso generó acciones de transgresión y huida que configuraron la identidad popular. Las acciones de rebeldía desarrolladas en este espacio temporal no hacen sino evidenciar el proceso de transición vivido por las identidades populares, ya que si bien las acciones de transgresión se manifiestan contra el poder y contra la clase dominante, no podemos decir que dichas conductas sean parte de un proyecto popular alternativo, aunque sí de lógicas alternativas que se contraponen con las lógicas del poder.

La violencia social popular adquiere distintas formas de acuerdo a cuál sea el sujeto específico que la ejecute y el espacio en el cual se desarrolle. En el espacio rural, se expresa de tres maneras: como resistencia y transgresión cotidiana que implica el ejercicio de la delincuencia ocasional; como bandolerismo, definido aquí como el delincuente habitual dedicado principalmente al salteo; y como formación de guerrillas montoneras en el contexto de las guerras civiles interoligárquicas.

En relación a la primera manifestación aquí señalada, diremos que la delincuencia ocasional es parte de una resistencia cotidiana que ejercen los sujetos populares frente al disciplinamiento, a la moral de la elite y a la propiedad, su expresión más recurrente es el abigeato.

Hemos concluido en relación a esto, que mucha de las acciones cotidianas implican una violación de la ley, sin embargo, no son manifestaciones de bandolerismo sino una conducta habitual de los subordinados que viven en los márgenes de la legalidad, a veces dentro y a veces fuera según las necesidades. A estas experiencias y formas de vida donde la transgresión es constante, las hemos definido como parte de un discurso oculto. Utilizando las categorías de James Scott se nos hace evidente que, independiente de que públicamente estos sujetos demuestren una adscripción por las normas sociales, soterradamente van construyendo una cultura distinta, una identidad propia en oposición a la de la elite y en la cual la moralidad tiene otro sentido. La construcción de un discurso oculto que piensa y define el mundo de acuerdo a características culturales propias y que transgrede el orden institucional, es parte del ejercicio cotidiano de rebeldía de los sectores populares.

Junto con esta transgresión cotidiana existe en el espacio rural una expresión de violencia mucho más definida y confrontacional, es la criminalidad de oficio, que en el campo adquiere la forma de bandolerismo. Estos, son sujetos que han decidido construir sus vidas al margen de los designios de la elite. Sus acciones, si bien no pueden catalogarse de bandolerismo social, no solo expresan delincuencia, ya que la transgresión implica violencia contra un orden y contra la propiedad. Estas acciones de bandolerismo se convertirán en un referente para la rebeldía popular campesina, es por eso que aunque las acciones de los bandidos no tengan el componente de una reivindicación de clase, igual sirven a los sujetos populares del campo para construir un discurso oculto del mundo al revés, donde las víctimas no son ellos sino los ricos y el Estado.

El salteo es la principal acción realizada por los delincuentes de oficio, los que son principalmente cometidos a casas, en bandas numerosas y ejerciendo una gran violencia. Respecto a los sujetos, los bandoleros de oficio no eran los campesinos arraigados, con amor por la tierra y la tradición, sino era el peón gañán, sin arraigo, siempre de huida. Es por eso que el bandolerismo chileno no pretende restituir ni reivindicar ningún pasado porque ese pasado, para los sujetos que lo ejercen, no existe. Los peones mestizos jamás tuvieron acceso a la tierra, no tienen un honor ni un lugar en la sociedad que quieran recuperar porque nacieron como sujeto social desarraigado, sin pasado, son por lo tanto un tránsito, una identidad por constituir.

Las montoneras que actúan en los conflictos armados de 1851 y 1859 evidencian toda la experiencia de rebeldía vivida por los sujetos populares desde su constitución misma. Las guerras civiles se convierten en un buen contexto para que estos muestren toda su violencia, haciendo así público, el discurso y las prácticas cotidianas de transgresión que desarrollan a diario, pero de manera oculta. Los sectores populares no se vinculan en la guerra solo por la movilización utilitarista de la elite, sino que también por intereses propios, imprimiéndole un carácter de guerra de clases a los conflictos interoligárquicos superando dicha categoría y convirtiendo las guerras civiles del siglo xix en algo más que el mero enfrentamiento entre liberales y conservadores. Los pobres del campo aprovecharon la instancia para arremeter contra los elementos que representaban su opresión, tomaron las haciendas, atacaron las instituciones, abrieron las cárceles, desertaron del ejército y la guardia cívica y tomaron todo lo que en tiempos normales les está prohibido.

La respuesta del Estado para las transgresiones cometidas por los sectores populares también se debatieron entre la modernidad y la tradición, si bien el liberalismo dicta el predominio de la ley y el respeto a los derechos, la mantención de la pena de azote y los juicios basados en rumores y mala fama muestran dicha contradicción. El azote como pena se mantuvo hasta entrado el siglo xx y se aplicaba ejemplarmente para los delitos perpetrados contra la propiedad, la pena de muerte aplicada a los líderes de las montoneras no se utilizó indistintamente, sino que se dictó y llevó a cabo principalmente contra los líderes populares de dichas montoneras. El castigo a la barbarie que significaba los pobres sueltos fue instituido pero muy poco practicado, el pueblo sabía de huidas y escondites.

Hacia fines del siglo xix y principios del xx, el bandolerismo comenzó a disminuir, algunas interpretaciones señalan que dicha disminución se debió principalmente al mejoramiento de la policía y a que los brazos del Estado eran más largos y llegaban a donde antes no podían. Creemos que, más que eso, la disminución del bandolerismo se debió al desarrollo de otras formas de protesta e identidad que reemplazaron a la transgresión primaria de los peones campesinos. Esta nueva identidad, eso sí, no tendrá desarrollo en el campo, sino en las ciudades y los centros mineros, el bandolerismo no constituyó revolución campesina debido a que quienes lo ejercían no tenían dicha tradición, los bandoleros rebeldes eran los peones gañanes que migrarán a las ciudades, a las oficinas mineras y se convertirán en proletarios, ahí desplegarán su experiencia de rebeldía, transgresión y violencia.

Hacia fines de siglo también, las leyendas sobre bandoleros comenzaron a difundirse, si bien esta acción ya no presentaba el carácter epidémico de otros tiempos, la creación de estos íconos rebeldes habla de la necesidad de una sociedad de levantar imágenes de poder alternativo, que reflejen el discurso oculto construido mientras se obedecía al patrón.

AGUIRRE, CARLOS y CHARLES WALKER (eds.). *Montoneros, abigeos y malhechores. Criminalidad y violencia en el Perú, siglos XVIII-XX*. Lima: Instituto de Cooperación Agraria, 1990.

ARAYA, ALEJANDRA. *Ociosos, vagabundos y malentretenidos en Chile Colonial*. Santiago: DIBAM-LOM ediciones, 1999.

AROSTEGUI, JULIO (ed.). «Violencia y política en España», *Ayer*, 13, Madrid: Marcial Pons Editor, 1994.

BALBOA NAVARRO, IMILCY. *La protesta rural en Cuba. Resistencia cotidiana, bandolerismo y revolución (1878–1902)*. Madrid: CSIC, 2003.

BARCELLI, AGUSTÍN. *Breve historia económico social del Perú*. Lima: Editorial Jatunruna, 1981.

BAUER, ARNOLD: «Expansión económica en una sociedad tradicional: Chile central en el siglo XIX». *Historia*, 9, Pontificia Universidad Católica de Chile (1970).

BAZÁN, IÑAKI. «La historia social de las mentalidades y la criminalidad», en Carlos Barros (ed.). *Retorno del sujeto*, vol. 2. Santiago de Compostela: Historia a Debate, 1995.

BERNALDO DE QUIRÓS, CONSTANCIO y ARDILA LUIS. *El bandolerismo andaluz*. Madrid: Ediciones Turner, 1978.

BECK, AARON T. *Prisioneros del odio*. Barcelona: Paidós, 2003

BENGOA, JOSÉ. *Historia social de la agricultura chilena*, tomo 1: *El poder y la subordinación*. Santiago: Ediciones SUR, 1988.

CÁCERES, JUAN. *Poder rural y estructura social, Colchagua, 1760-1860* (Valparaíso: Pontificia Universidad Católica de Valparaíso, 2005).

__________. «Crecimiento económico, delitos y delincuentes en una sociedad en transformación: Santiago en la segunda mitad del siglo XIX». *Revista de Historia Social y de las Mentalidades. Violencia cotidiana y disciplinamiento social en Chile tradicional*, año 4 (2000).

Contador, Ana María. *Los Pincheira. Un caso de bandidaje social. Chile, 1817–1832*. Santiago: Bravo y Allende Editores, 1998.

Castaño Blanco, José Manuel. *Conflictividad y violencia. La sociedad sayaguesa en la documentación de los siglos xvi al xix*. Madrid: Consejo Superior de Investigaciones Científicas (CSIC), 2001.

Chumbita, Hugo. *Jinetes rebeldes*. Buenos Aires: Editorial Vergara, 2000.

Daitsman, Andy. «Bandolerismo: mito y sociedad. Algunos apuntes teóricos». *Proposiciones*, 19 (1990).

Del Olmo, Rosa. *América Latina y su criminología*. México D.F.: Siglo XXI, 1999.

Elias, Norbert. «Ensayo teórico sobre las relaciones entre establecidos y marginales». En *La Civilización de los padres y otros ensayos*. Bogotá: Editorial Norma, 1998.

Fernández Labbé, Marcos. «La explicación y sus fantasmas. Representaciones del delito y de la eximición de responsabilidad penal en el Chile del siglo xix». *Revista de Historia Social y de las Mentalidades. Violencia cotidiana y disciplinamiento social en Chile tradicional*, año 4 (2000): 105-130.

Fradkin, Raúl. *La Historia de una Montonera. Bandolerismo y caudillismo en Buenos Aires, 1826*. Buenos Aires: Siglo XXI, 2006.

Goicovic, Igor. «Conflictividad social y violencia colectiva en Chile tradicional. El levantamiento indígena y popular de Chalinga (1818)». *Revista de Historia Social y de las Mentalidades. Violencia cotidiana y disciplinamiento social en Chile tradicional*, año 4 (2000): 51-86.

__________. «Consideraciones teóricas sobre la violencia social en Chile (1850-1930)». *Última Década*, año 12, núm. 21 (2004).

__________. «Los escenarios de la violencia popular en la transición al capitalismo». *Espacio Regional*, año 3, vol. 1 (2006).

Góngora, Mario. *Vagabundaje y sociedad fronteriza en Chile (siglos xvii a xix)*. *Cuadernos del CESO*, 2 (Santiago, 1966).

González Callejas, Eduardo. «La definición, caracterización y análisis de la violencia a la luz de las ciencias sociales: una reflexión general», *Revista de Historia Social y de las Mentalidades*. En prensa.

__________. *Reflexiones sobre el concepto de guerra civil*, tomo xx (Madrid, Gladius, 2000).

__________. *La violencia en la política. Perspectivas teóricas sobre el empleo deliberado de la fuerza en los conflictos de poder*. Madrid: Consejo Superior de Investigaciones Científicas, 2002.

__________. «La violencia colectiva en la España Contemporánea. Una perspectiva histórica». Documento de trabajo para el curso de Doctorado en Humanidades. Departamento de Humanidades de la Universidad Carlos III de Madrid, 2003.

__________.«La función de la violencia en la vida política». En *El espacio público contemporáneo*, Documento de trabajo para el Curso de Doctorado en Humanidades. Departamento de Humanidades de la Universidad Carlos III de Madrid, 2004.

GREZ, SERGIO. *De la regeneración del pueblo a la huelga general. Génesis y evolución histórica del movimiento popular en Chile (1810–1890)*. Santiago: DIBAM, Colección Sociedad y Cultura, 1997.

__________. «Una mirada al movimiento popular desde dos asonadas callejeras (Santiago, 1888–1905)». *Cuadernos de Historia*, 19. Departamento de Ciencias Históricas, Universidad de Chile, 1999.

HOBSBAWM, ERIC. *Rebeldes primitivos. Estudios sobre las formas arcaicas de los movimientos sociales en los siglos XIX y XX*. Barcelona: Editorial Crítica, 2001.

__________. *Bandidos*. Barcelona: Editorial Crítica, 2001.

HUSSON, PATRICK. *De la guerra a la rebelión. Huanta, siglo XIX*. Lima-Cuzco: Centro de Estudios Regionales Andinos Bartolomé de las Casas-Instituto Francés de Estudios Andinos, 1992.

LOVEMAN, BRIAN y LIRA, ELIZABETH. *Las suaves cenizas del olvido: vía chilena de reconciliación política 1814-1932*. Santiago: LOM ediciones, 1999.

__________. *Las ardientes cenizas del olvido: vía chilena de reconciliación política en Chile 1932-1994*. Santiago: LOM ediciones, 2000.

MAZZEI, LEONARDO. «Orígenes del empresariado moderno en la región de Concepción (1820–1860)». *Proposiciones*, núm. 24 (1994).

MENDIETA PARADA, PILAR. «De Tupac Katari a Zárate Willka. Alianzas, pactos, resistencia y rebelión en Mohoza (1780–1899)». *Cuaderno de Investigaciones*, núm. 6. La Paz: Instituto de Estudioas Bolivianos, 2001.

MORENO, DORIS y JOSÉ LUIS BERTRÁN.«Justicia criminal y criminalidad en la Cataluña moderna». En Carlos Barros (ed.). *Retorno del sujeto*, vol. 2, 103-115. Santiago de Compostela: Historia a Debate, 1995.

MORENO, MANUEL y JAIME TORTELLA. *Bandoleros, disidentes, desafectos y expatriados*. Barcelona: Debolsillo, 2006.

PINTO VALLEJOS, JULIO. *Trabajos y rebeldías en la pampa salitrera*. Santiago: Editorial Universidad de Santiago, 1998.

PAVARINI, MASSIMO. *Control y dominación. Teorías criminológicas burguesas y proyecto hegemónico.* México D.F.: Siglo XXI, 1999.

PORTER, ROY y TEICH, MIKULAS (eds.). *La revolución en la historia.* Barcelona: Editorial Crítica, 1990.

REINA, LETICIA. *Las rebeliones campesinas en México (1819-1906).* México D.F.: Siglo XXI Editores, 1988.

RODRÍGUEZ, ÁNGEL. «La historia de la violencia: espacios y formas en los siglos XVI y XVII». En Carlos Barros (ed.). *Retorno del sujeto,* vol. 2. Santiago de Compostela: Historia a Debate, 1995.

ROJAS, MAURICIO. «Entre la legitimidad y la criminalidad: el caso del "Aparaguayamiento" en Concepción, 1800-1850». *Historia* núm. 40, vol. II (2007): 419-444.

ROMERO, LUIS ALBERTO. «La identidad de los sectores populares en el Buenos Aires de la entreguerra (1920-1945)». *Revista Última Década,* núm. 5 (Viña del Mar, 1996).

RUDÉ, GEORGE. *La Europa revolucionaria, 1783-1815.* Madrid: Siglo XXI, 1994.

__________. *La multitud en la historia. Los disturbios populares en Francia e Inglaterra, 1730-1848.* México D.F.: Siglo XXI, 1998.

SALAZAR, GABRIEL y JULIO PINTO. *Historia contemporánea de Chile,* 4 vols. Santiago: LOM ediciones, 1999-2002.

SALAZAR, GABRIEL. *Labradores, peones y proletarios. Formación y crisis de la sociedad popular chilena del siglo XIX.* Santiago: SUR, 1985.

SALINAS, MAXIMILIANO . «El bandolero chileno del siglo XIX. Su imagen en la sabiduría popular». *Araucaria de Chile,* 36. Madrid: Ediciones Michay, 1986.

SANCHEZ, GONZALO y MEERTENS, DONNY. *Bandoleros, gamonales y campesinos. El caso de la violencia en Colombia.* Bogotá: Ancora Editores, 1983.

SAN MARTÍN, JOSÉ. *La mente de los violentos.* Barcelona: Editorial Ariel, 2002.

SCOTT, JAMES. *Los dominados y el arte de la resistencia.* País Vasco: Editorial Txalaparta, 2003.

SODRÉ, MUNIZ. *Sociedad, cultura y violencia.* Buenos Aires: Norma, 2001.

STUVEN, ANA MARÍA. *La seducción de un orden: Las elites y la construcción de Chile en las polémicas culturales y políticas del siglo XIX».* Santiago: Ediciones Universidad Católica de Chile, 2000.

TENENTI, ALBERTO. *De las revueltas a las revoluciones.* Barcelona: Editorial Crítica, 1999.

Tuozzo, María Celina. *Apuntes metodológicos: el problema de la verosimilitud en el estudio de los sumarios criminales. Actas Americanas*, 4, 1996.

Tutino, John. «Cambio social agrario y rebelión campesina en el México decimonónico: el caso de Chalco». En Friedrich Katz (comp.), Revuelta, rebelión y revolución. La lucha rural en México del siglo xvi al siglo xx. México D. F.: Ediciones ERA, 1990.

Valenzuela Márquez, Jaime. *Bandidaje rural en Chile central. Curicó, 1850-1900.* Santiago: DIBAM, 1991.

Vitale, Luis. *Interpretación marxista de la historia de Chile»*, vol. iii. Santiago: Ediciones CELA; RUCARAY; CRONOPIOS, 1992.

Tesis inéditas

Araya Pinto, Claudia. «La mujer y el delito en Talca. 1825-1872». Tesis para optar al grado de magíster ártium con mención en Historia. Universidad de Santiago, 1993.

Bersezio, Alberto. «Bandolerismo en Rancagua. 1850-1890». Tesis para optar al grado de magíster en Historia, Universidad de Santiago de Chile, 1993.

Cortez, Abel. «Delincuencia, redes sociales y espacios en la vida cotidiana rural de Chile central. Valle de Aconcagua, 1820-1850. Tesina para optar al grado de licenciado en Historia, Universidad de Chile, 2004.

Palma Alvarado, Daniel. «¡Ladrones! Delincuencia, sociedad y cultura en Chile 1870–1920». Tesis para optar al grado de doctor en Historia, Pontificia Universidad Católica de Chile, 2007.

Pérez Silva, Claudio. «Revuelta popular y motines peonales en el Norte Chico. Copiapó en el contexto de la guerra civil de 1851». Tesis para optar al grado de magíster en Historia, Universidad de Santiago, 2007.

Robles Ortiz, Claudio. «Expansión y transformación de la agricultura en una economía exportadora. La transición al capitalismo agrario en Chile (1850–1930)». *Revista Historia Agraria*, 29 de abril del 2003. http://www.historiaagraria.com/nosotros.php

Valdés, Mario. «Historia social de la delincuencia y el bandolerismo en la provincia de Concepción 1835-1860». Tesis para optar al grado de magíster en Historia, Universidad de Concepción, 2003.

Fuentes documentales

Archivos de intendencia

Colchagua, volúmenes: 18-37-70-58-40.

Talca, volúmenes: 3-6-7-8-10-18-20-23-24-32-37-43-57-104-163.

Ñuble, volúmenes: 3-6-7-9-15-32.

Maule, volúmenes: 81-90-96-101.

Archivo judicial

Linares, volúmenes: 134-136.

Concepción, volúmenes: 55-58-62-66-68-70-71-76-79-82-143-144-148-149-150-151-157-162-165-168-169.

Talca, volúmenes: 726-727-728-730-731-732-734-735-736-737-739-741-742-743-745-746-747-748-764-765-766-767-768-769-770-771-772-773-808-810-811-812-814-815-816-817-818-819-820.

Memorias del Interior

Volumen: 66

Boletín de leyes de la república

Periódicos

Periódico	Años	Ciudad
El Ñuble	1857-1859	Chillán
La Prensa	1863-1865	Chillán
El Emisario	1857-1858	Talca
El Nacional	1862-1865	Talca
La Unión	1851	Concepción
El Amigo del Pueblo	1858-1859	Concepción
El Conservador	1851	Concepción
El Curicano	1857-1859	Curicó
El Maulino	1857-1852	Cauquenes
La civilización	1851-1852	Santiago

Retrato de un delincuente de oficio

Identificación del archivo: Judicial de Talca.

Año 1856.
Volumen 739.
Fojas 14.
Identificación del Juicio: criminal contra Francisco Muñoz y otros.
Causa: salteo.
Nombre del acusado: Francisco Muñoz y Cecilio Espinoza.
Edad: 24 años, pero por su aspecto parece ser de 15.
Procedencia: de la orilla de Lircay. De Pelarco (Lagunillas).
Estado: soltero y soltero.
Oficio: gañán. Ídem.

Sentencia: fueron condenados a cuatro años de cárcel. Pero el último se fugó y cometió otra clase de delitos, por eso se formó un expediente solo para él y fue condenado a 12 años de presidio.

Resumen del caso: Talca, febrero 10 de 1853.

De autos resulta que el reo presente Francisco Muñoz en compañía del ausente Cecilio Espinoza, saltearon la casa de Cecilio Enriquez el diez i seis de abril ultimo en las mitad del día, amenazando con armas a la dueña de casa: que se llevaron varias especies, que avaluo en quince pesos, no habiendo prueba suficiente de otras que laos dueños tambien presentan como hurtadas, habiendo sido aprehendidos Muños en la presencion que les hiso Enrriquez i fugandose el reo Espinoza dejando el caballo ecillado i alhunas de las prendas robadas. Sufieciente numero de testigos acreditan ambos echos. El reo Muñoz confeso ante el subdelegado sumariante su concurrencia al salteo, aunque lo atribuye a espinoza. En la segunda confesion prestada ante el juzfado de letras dos meses despues de estar en la cacel, nieha abiertamente todos los echos, afirmando tener solo veinte i cuatro años, cuando en la priemraconfesion dijo ser mayuor de veinte i cinco, edad que demuestra su aspecto. Aparece ademas que la yegua valor de siete pesos en que fue aprehendido Muños y el caballo que abandono espinoza en una lugar importante ocho pesos, fueron hurtados en el departamento de Lontue pocos dias del salteo a Enriques. El reo Muños ha opuesto a dos de los testigos los presenciales del salteo, la tacha de paniguado; pero no esta probada, apareciendo solo que entonces estaba en la casa salteada. Por tales antecedentes [...] condeno a los reos Francisco Muños y Cecilio Espinoza a cuatro años de carcel penitenciaria que se contaran para el primero desde el día de su prision quedando por igual tiempo despues de concluida su condena bajo la inspeccion del subdelegado de su domicilio y debiendo oirse al reo Espinoza cuando fuese capturado o se presente.

Declaración de Cecilio Espinoza; de la subdelegación de Pelarco, que la causa de su prision es por que se le presume autor de un salteo a una mujer que el esponente ignora, que es falto el hecho. Dijo que lo hizo ebrio. Soltero, natural de lagunillas, no sabe leer, gañan.

Hay un expediente solo para Cecilio Espinoza: Cecilio Espinoza fue juzgado como reo ausente por el salteo hecho a Cecilio Enrriquez i condenado a cuatro años de carcel penitenciaria y por la fuga de la carcel quebrantando dos años cuatro meses veintiocho días se le condeno a cuatro años nueve meses veinti i seis días, como aparece de las sentencias f124 y f 124 aprehendiendo espinoza por el subdelegado de Lircai confeso su participacion en el salteo de Henrriquez i aun que en esa confesion no se le nombro curador siendo de menor edad, ni se le exigio la promesa de decir verdad, estimandose como estrajudicial hace gran presuncion que unida al testigo presencial que conocio a Espinoza y a las presunciones que suministran el proceso forma la plena prueba bastante para condenar al reo presente.

Esta confeso de la fuga de la carcel i tambien de los delitos siguientes 1° haber salteado a Damiana Contreras el tres de julio de mil ochocientos ciencuenta i tres en el camino público de la subdelegacion de duao: en la confesion informal prestada ante el subdelegado dice que le quito una manta azul, una guasca, o chicotillo con puño, dos casquillos i argollas de plata u que le amenazo con cuchillo, pero ante el juez letrado dice que no recuerda que especies le quito ni lo que hizo en aquel acto por que estaba ebrio. No hai otra prueba de este delito i no puede por consiguiente justipreciarse el valor de lo robado, debiendo por esta razon estimarse en menos de quince pesos. 2° que en el año de mil ochocientos cincuenta i uno fue en unio de FabianMondaca, Pedro Aliaga, i otro reos juzgados por este i otros delito en causa separada, a la casa de don nicolas Soto y le llevaron Mondaca i los otros el caballo encillado espuelas i dos mantas, quebrando el candado del cuarto en que estaba la montura y las mantas, habiendole devuelto uno de ellos estas especies i el caballo a Soto: ese dice que le robaron ademas nueve onzan en otro i otras especies, pero no hai prueba de ello, según la confesion del reo el valor de lo robado pasa de quince pesos. 3° el reo Espinoza fue aprehendido montando una yegua i montura que las reclamo como Hurtadas Jose Miguel Quintana i probada la propiedad de la yegua se le mando entregar con la montura. Espinoza dijo que habia comprado la yegua encillada en una onza a JulianLandeta lo que no ha podido probar.

Condeno al nombrado Cecilio Espinoza a doce años de carcel penitenciaria contados desde el veintos de noviembre de mil ochocientos cincuenta i tres, fecha en que aparecen iniciado el ultimo sumario contra el citado reo por el subdelegado de pelarco. Donde fue aprehendido i cumplida que sea su condena quedara sujeto por cuatro años a la vigilancia del Jues de su residencia.

Tambien se ha hecho cargo al mismo reo de haber herido e intentado saltear a Jose María Valdés, de haberse hurtado un caballo cobrado en la posada de la villa de Molina, de cuyos hurtos no hai mas prueba que la confesion informal del reo; i de haber salteado una carreta el 18 de noviembre de 1853 en union de otros robandose cien pesos i varias piezas de ropa i violando dos mujeres sobre lo que solo hai presunciones contra Espinoza [...] fue absuelto de estos delitos.

El balance desde el Estado de la guerra civil de 1859 y la participación de los sujetos populares

Memoria que el ministro de Estado en el Departamento del Interior presenta al Congreso Nacional de 1860 (págs. 19-20)

Otra de las consecuencias lamentables de la crisis pasada i que mejor revela la desmoralización que producen los disturbios intestinos, ha sido el pillaje a mano armada ejercido en diversas provincias por restos de las montoneras que al estravío de las pasiones de partido organizó para combatir a la autoridad constitucional. Sabido es que todos los hombres sin posición social, toda la jente predicad se adhiere siempre a los que alzan bandera de rebelión; i sabido es también que casi todos los criminales que queexistian en las prisiones de los pueblos que cayeron en poder de los sublevados, fueron enrolados en las fuerzas que se decían destinadas a regenerar la República. Tales e elementos debian dar por fruto el pillaje i el robo a mano armada. Lo que a este respecto se hizo sentir en los primeros meses del año anterior, se hizo sentir también después de los sucesos de septiembre. En varios lugares ha sido necesario todo el celo de las autoridades para poner termino a esos males i dar seguridad a los habitantes de los campos. En ninguno de los sacudimientos políticos que han aflijido a la república, desde sus primeros tiempos, ha habido tantas extorsiones contra la propiedad particular i tanto atentado contra las personas que deplorar, como en la pasada crisis; i difícil es no ver en las montoneras la causa principal de ellos. El gobierno creyó necesario atacar ese mal en sus origenes por medio del proyecto de lei que presentó el año anterior, con el objeto de determinar con más claridad i precisión la responsabilidad civil de los autores i cómplices de motines, i de los que organicen y armen montoneras. Medidas de esta clase, deben dictarse cuando aun está fresco el recuerdo de los males que estan destinadas a corregir: en otras circunstancias nos inclinamos a no creer probable la repetición de semejantes hechos. No dudo que ese proyecto pueda ser modificado con ventaja; pero el gobierno no podrá menos que convenir que tiende a un objeto importante, i que las garantías que él consulta a favor del orden público, de las personas y de las propiedades particulares, exigen que sea considerado.

La policía de seguridad ha reclamado, por el carácter de la situación creada, especial atención en diversas localidades. El gobierno se ha visto precisado a aumentar las asignaciones que para este objetivo había concedido a varias Municipalidades, sin que les haya sido posible estenderlas a otros lugares en que lo insuficiente de la fuerza de policía no permite prestar protección eficaz a las personas o propiedades. El mal principalmente, se ha hecho sentir en los campos y ha venido a dar nuevo apoyo a la idea no nueva, de crear una policía rural. Es, sin embargo, tan difícil arbitrar fondos para organizar este servicio, que no obstante la importancia de esa necesidad, me limito llamar a ella la atención del congreso.

Agosto, 28 de 1860
ANTONIO VARAS.

El Maulino

Cauquenes, marzo 5 de 1859

La revolución y sus cabecillas

En el maulino del 29 de octubre apareció un artículo que pintaba la situación del país i las consecuencias inevitables de una revolución que estaba mui lejos de tener por base principio alguno político.– así como cuando surjen en los motines populares montoneras de bandidos que asolan los campos a fuerza de pillaje, así en todos los pueblos de nuestro territorios se formaban reuniones de holgazanes i descamizados que preparaban con siniestros fines, no un cambio político por medio de la revolución, sino lo que nuestro periódico significó entonces, deshonra, esterminio, saqueo, bandalismo y pillaje.

Mientras la prensa opositora hacía larde de sus miras, llevando sus caudillos adelante el vergonzoso plan de sus iniquidades, nosotros nos ocupabamos, no en refutar esa cadena monstruosa de calumnias, su tema permanente, esperábamos solo que los hechos vinieran en breve a dar el testimonio mas sincero y elocuente de aquel pronóstico, cumplido a nuestro pesar en todo sus partes– Sufrimos con paciencia el duro y ciego enojo de unos cuantos imbécil capitanes de hordas salvajes que han ultimado el país y hecho desaparecer la tranquilidad pública– ; toleramos toda vileza y cobardía que envolvía sus asquerosos pasquines y ubimos con resignacion que pagarles con sordo desprecio a tan soez y menguada canalla – todo siguió la marcha que el maulino dejó trazada i poco tiempo después hemos podido presenciar la obra de la oposición de hoy en día, desnuda de ese falso oropel, de ese mentido e hipócrita ropaje que vestía– ya la hemos visto asido el puñal en una mano y en la frente su divisa, ANARQUÏA, ¡DESHONRA! ESTERMINIO! .

Ahora preguntamos, qué han hecho los patriotas, esas víctimas inocentes del despotismo, esos apóstoles de la libertad?, malvados .... quereis saber una parte la más pequeña talvez de sus escándalos? Queréis que os hagamos en compendio el relato de los más insignificante de esa cadena de sus monstruosos crímenes?

Jamás se han conocido en la historia de parte alguna del mundo atrocidades semejantes– El bandidaje ha pisado toda las escalas del crimen. No ha habido revolución; montonera de facinerosos sacado de los presidios i de las cárceles se han alzado en todos los pueblos, asesinando y saqueando; donde había resistencia por parte de las autoridades obraba el fuego y luego el exterminio. Oh tempora a dónde vamos! Se ha visto acaso en los pueblos mas salvajes de universo horrores como estos? Una guerra de bandidos y a la cabeza de esas hordas infames i corrompidas, hombres que han querido ser desentes. En Talca un Vallejos, un Vargas; en el Maule un Pando, Un Urrutia, Un Arce, un Las Heras! ¡Ira de dios! ¡habrá piedad para esos cabecillas malvados de bolsa o vida! Habrá `piedad para esos políticos de rapiña disfrazados con la revolución? Ahí están todos los pueblos aniquilados; ahí están llenos de víctimas que han espectadola corrupción y el vicio en su más fea expresión; ahí están las familias con el tizne que les dejarán las mas inmundas vejaciones. Oh no se ha respetado condición, edad ni sexo; se han cometido todo jénero de excesos i violaciones; las administraciones públicas han sido robadas i saqueadas, casa y pueblos que se han visto amenazados por el fuego; contribuciones a todo el mundo; prisiones y castigos inauditos a todos los hombres honrados i de orden; el santuario de dios mismo ha sido sacrilegamente pisoteado. – Esto es en globo la fatal obra de la oposición actual, nosotros como dejamos indicado dimos un fallo suave que lo reproducimos en este número, no para taparle la boca a los autores de groseros pasquines, para que todo el mundo nos haga justicia i vea que solo pronosticamos suavemente las consecuencias de la oposición, la ruina que mas tarde debia traer esa maquiavélica amalgamación que han hecho jerminar en todas partes crímenes vergonzosos i desastres inauditos– es menester no concluir, somos chilenos i no queremos que caiga tanta deshonra sobre la cabeza de tantos malos ciudadanos.

ÍNDICE

ESTE LIBRO HA SIDO POSIBLE POR EL TRABAJO DE

COMITÉ EDITORIAL Silvia Aguilera, Mario Garcés, Luis Alberto Mansilla, Tomás Moulian, Naín Nómez, Jorge Guzmán, Julio Pinto, Paulo Slachevsky, Hernán Soto, José Leandro Urbina, Verónica Zondek, Ximena Valdés, Santiago Santa Cruz **EDICIÓN** Javiera Herrera, Matías Morales **PRODUCCIÓN EDITORIAL** Guillermo Bustamante **PROYECTOS** Ignacio Aguilera **ÁREA EDUCACIÓN** Mauricio Ahumada **DISEÑO Y DIAGRAMACIÓN EDITORIAL** Leonardo Flores, Max Salinas **CORRECCIÓN DE PRUEBAS** Raúl Cáceres **COMUNIDAD DE LECTORES** Francisco Miranda **VENTAS** Elba Blamey, Luis Fre, Olga Herrera **BODEGA** Francisco Cerda, Pedro Morales, Carlos Villarroel, Hugo Jiménez **LIBRERÍAS** Nora Carreño, Ernesto Córdova **COMERCIAL GRÁFICA LOM** Juan Aguilera, Danilo Ramírez, Inés Altamirano, Eduardo Yáñez **SERVICIO AL CLIENTE** Elizardo Aguilera, José Lizana, Ingrid Rivas **DISEÑO Y DIAGRAMACIÓN COMPUTACIONAL** Luis Ugalde, Jessica Ibaceta **SECRETARIA COMERCIAL** Elioska Molina **PRODUCCIÓN IMPRENTA** Carlos Aguilera, Gabriel Muñoz, Rómulo Saavedra **SECRETARIA IMPRENTA** Jasmín Alfaro **PREPRENSA** Daniel Alfaro **IMPRESIÓN DIGITAL** William Tobar, Carolay Saldías **IMPRESIÓN OFFSET** Rodrigo Véliz **ENCUADERNACIÓN** Ana Escudero, Andrés Rivera, Edith Zapata, Pedro Villagra, Braulio Corales, Carlos Mendoza, Fernanda Acuña **DESPACHO** Cristóbal Ferrada, Julio Guerra, Aldo Santana **MANTENCIÓN** Jaime Arel **ADMINISTRACIÓN** Mirtha Ávila, Alejandra Bustos, Andrea Veas, César Delgado, Boris Ibarra.

LOM EDICIONES